Die Hausindustrie in Königsberg i. Pr.

Die Hausindustrie in Königsberg i. Pr.

mit besonderer Berücksichtigung der Lage der Arbeiter und Arbeiterinnen.

Von

Dr. Käthe Kalisky.

Leipzig,
Verlag von Duncker & Humblot.
1907.

Alle Rechte vorbehalten.

Inhaltsverzeichnis.

I. Allgemeiner Teil.

Seite

1. Definition und Begriff der Hausindustrie 2
2. Formen der Hausindustrie 7
3. Die Stellung der Hausindustrie in der Gesetzgebung 9

II. Spezieller Teil.

1. Einleitung 14
2. Die einzelnen Hausindustrien 19
    - a) Herrenkonfektion und Lagerarbeit 19
    - b) Damenkonfektion und Schneiderei 24
    - c) Schuhmacherei 26
    - d) Tischlerei 28
    - e) Wäschekonfektion 29
    - f) Maschinenstrickerei 36
    - g) Anfertigung von Schirmen 39
    - h) Bernsteinkratzen 41
    - i) Erbsenlesen 45
    - k) Putzindustrie 46
    - l) Säckenähen, Dütenkleben 47
    - m) Handarbeiten 48
    - n) Zigarettendrehen 50
    - o) Sonstige Hausindustrien 50
3. Schlußwort 51

III. Die Regelung der Hausindustrie 53

I.
Allgemeiner Teil.

Das Material zu vorliegender Arbeit wurde durch persönliche Untersuchungen gesammelt. Zwar ist vor zwei Jahren von den drei Arbeiterorganisationen eine Enquete über die hiesige Hausindustrie veranstaltet worden, jedoch ist das Resultat derselben noch nicht im Druck erschienen. Zusammenfassende Angaben wurden gelegentlich in einem Vortrag bekannt gegeben. Meine Bitte, das Material selbst verarbeiten zu dürfen, wurde mir von dem hiesigen statistischen Amt abschlägig beschieden. Bei der damaligen Untersuchung waren zirka 300 Fragebogen von Arbeitern ausgefüllt worden, deren Ergebnis von seiten der Arbeitgeber teilweise angefochten wurde. Bei der Untersuchung zu vorliegender Arbeit ist in der Weise vorgegangen, daß Besuche bei den Heimarbeitern gemacht wurden, wobei durch Fragen und Abschriften aus den vorgelegten Lohnbüchern die Arbeits- und Lebensbedingungen, sowie der Erwerb zu ermitteln gesucht wurde. Die Exaktheit des Schlusses auf die wirklichen Zustände wird oft dadurch beeinträchtigt sein, daß in den gemachten Angaben nicht immer Übereinstimmung herrschte, daß ferner die Arbeiter nicht immer die Lohnbücher aller Geschäfte, für die sie arbeiteten, vorzeigten. Auch konnte der Verdienst aus Kundenarbeit nicht in Betracht gezogen werden.

Eine besondere Schwierigkeit ergab sich bei der Beschäftigung von Hilfspersonen, weil diese je nach Bedarf eingestellt werden, ohne daß die Hausindustriellen über die Dauer der Beschäftigung und den an sie gezahlten Lohn Genaues mitteilen konnten. Wo keine Lohnbücher vorhanden waren, stützen sich die Berechnungen auf die Angaben der Organisationen und einzelner Hausindustrieller.

Um die Aussagen der Arbeiter auf ihre Richtigkeit zu prüfen, wurde versucht, einen Einblick in die Verhältnisse mit Hilfe der Unternehmer zu gewinnen; dies war jedoch nur in wenigen Fällen von Erfolg begleitet. Der Grund hierfür ist wohl nur zum Teil in dem Widerwillen der Verleger gegen die Untersuchung gegeben. Häufig zeigte sich bei den diesbezüglichen Besprechungen mit den Unternehmern, daß dieselben über die wirkliche Lage der Hausindustriellen, über die etwaige Verwendung von Hilfskräften oder den Stundenverdienst keineswegs orientiert sind. Unter diesen Bedingungen ist es offenbar, daß die vorliegende Arbeit kein ganz fehlerloses oder vollständiges Material über die hiesige Hausindustrie liefern kann.

Um die Beteiligung der Kinderarbeit in der Hausindustrie festzustellen, war durch Vermittlung der hiesigen Stadtschuldeputation eine Enquete über die Beschäftigung der Kinder in der Hausindustrie in den hiesigen Volksschulen veranlaßt worden. Leider ist das ermittelte Material nicht einwandfrei genug, um absolut zuverlässige Angaben zu liefern, weshalb ich nicht wagte, dasselbe in dieser Arbeit zu verwenden.

Die im theoretischen Teil benutzten Schriften sind an den betreffenden Stellen zitiert.

An dieser Stelle gestatte ich mir, Herrn Professor Dr. Diehl für die Anregung zu dieser Arbeit, sowie für die freundliche Unterstützung, die er mir hat angedeihen lassen, meinen besten Dank auszusprechen.

1. Definition und Begriff der Hausindustrie.

Der Begriff der „Hausindustrie" ist vielfachen Wandlungen unterworfen gewesen.

Während die Kameralisten unter „Verlegern" Kaufleute verstehen, die das in ihrem Auftrage von kleinen Handwerksmeistern hergestellte Produkt selbst verkaufen, sieht Browning das Kennzeichen der Hausindustrie in der Verbindung landwirtschaftlicher und gewerblicher Tätigkeit. Diese Ansicht wird im wesentlichen auch von Roscher vertreten, doch fügt er als ferneres Merkmal hinzu, daß Hausindustrie Exporthandwerk sei, daß die Produkte der Hausindustrie für den Absatz im großen geschaffen würden, also Massenkonsumartikel seien. Dieses letztere Kriterium aufnehmend, definiert Schönberg[1] „Hausindustrie" als „diejenige gewerbliche Produktion, bei welcher die Arbeiter in ihren eigenen Räumen für größere Unternehmer neue Gewerbsprodukte des Massenkonsums herstellen". Dieser selbe Gedanke findet sich auch bei Stieda[2]), wenn er unter Hausindustrie diejenige gewerbliche Tätigkeit verstanden

---

1) Handbuch der politischen Ökonomie. 1886. Bd. II, S. 392.
2) Stieda, Schriften des Vereins für Socialpolitik. Bd. 39.

1. Definition und Begriff der Hausindustrie.

wissen will, welche zu Hause nicht auf Bestellung des Kunden am Ort und für den lokalen Absatz, sondern für ein Geschäft oder für den Export, überhaupt für den Vertrieb im großen arbeitet.

Diese Theorien, die die Hausindustrie entweder als Nebenbeschäftigung ansehen, neben dem landwirtschaftlichen Beruf ausgeübt, oder sie als eine Spielart des Handwerks auffassen, bei welcher für den Export oder Massenbedarf gearbeitet wird, sind wohl endgültig von Sombart[1]) dadurch widerlegt worden, daß er auf das Zufällige in diesem Zusammentreffen hingewiesen hat.

Auf dem statistischen Kongreß in Budapest im Jahre 1876 hatte Dr. Engel zwei andere Punkte betont, durch die namentlich der Unterschied der Hausindustrie gegenüber der Fabrik und dem Handwerk hervortritt. Danach werden in der Hausindustrie Waren nach bestimmten Mustern gegen Stückbezahlung von selbständigen oder unselbständigen, aber in eigener Behausung arbeitenden Gewerbetreibenden im Auftrage eines Handlungshauses hergestellt. Hier erscheint als wesentlich die Anfertigung der Waren im Hause des Arbeiters auf Bestellung eines Dritten, welcher Ausmaß und Art der Produktion bestimmt. Diese Begriffsbestimmung fand Berücksichtigung bei der Berufszählung im Jahre 1882 und im wesentlichen auch bei der Berufs- und Gewerbezählung von 1895. Es ist ersichtlich, daß bei diesen Zählungen nur ein Teil der Hausindustrie erfaßt werden konnte. Ungezählt blieb die große Anzahl derjenigen, die zwar zu Hause für einen Verleger, aber nicht in dessen Auftrage arbeiten, oder auch die in gemeinsamen Werkstätten vereinigten, aber für den Unternehmer tätigen Hausindustriellen.

Marx kennzeichnet in seinem „Kapital" die Hausindustrie als auswärtiges Departement der Fabrik. „Neben den Fabrikarbeitern, Manufakturarbeitern und Handwerkern, die es in großen Massen räumlich konzentriert und direkt kommandiert, bewegt das Kapital durch unsichtbare Fäden eine andere Armee in den großen Städten und über das flache Land zerstreuter Hausarbeiter."

Hier tritt an Stelle des Absatzmomentes als Kriterium die Organisationsform. Im Anschluß an diesen Gedankengang erscheint auch bei Schwarz und Sombart[2]) die Hausindustrie als großkapitalistische Unternehmungsform, als dezentralisierter Großbetrieb. Hausindustrie konnte sich nach Sombart nur mit dem modernen Kapitalismus ent-

---

1) Sombart: Archiv für soziale Gesetzgebung. Bd. IV.
2) a. a. O. S. 117.

wickeln, sie entstand mit ihm und gelangte durch ihn zu früher ungeahnter Entfaltung. Sie tritt neben der Fabrik auf, von ihr nur dadurch unterschieden, daß die Hausindustriellen bei sich daheim beschäftigt werden.

So häufig die Hausindustrie in großkapitalistischem Interesse arbeiten mag, so oft eine Vereinigung von Großbetrieb und Hausindustrie konstatiert werden kann, so wird doch nicht außer acht gelassen werden dürfen, daß gerade kleine Unternehmer, deren Aufträge zu unregelmäßig eingehen, um dafür eine Fabrikation im großen eintreten zu lassen, sich der Hausindustrie zur Herstellung der Waren bedienen. Liefmann[1]) betont mit Recht, daß gerade beim Verlag ein umfangreicher Betrieb mit geringerem Kapital möglich ist, da Betriebsunkosten, Risiko und Saisonschwankungen zum nicht geringen Teil auf die Verlagsarbeiter abgewälzt werden.

Die Ansicht Liefmanns geht dahin, daß das Zusammenwirken von Verleger und Hausindustriellen überhaupt nicht als ein gewerblicher Betrieb anzusehen ist, daß beide nicht einen einheitlichen Produktionsprozeß bilden. Als Beweis gegen die Einheit der zusammenwirkenden Wirtschaftssubjekte führt er innerhalb der Hausindustrie die Stellung derjenigen Zwischenmeister an, die für mehrere Verleger arbeiten. Er sieht in dem Verlagsarbeiter keinen Arbeiter, sondern den eigentlichen Produzenten, in dem von ihm mit dem Unternehmer geschlossenen Vertrag keinen Dienst- resp. gewerblichen Arbeitsvertrag, sondern einen Werkverdingungsvertrag. Diese Ansicht begründet Liefmann durch die Unterscheidung zwischen selbständigen und unselbständigen Wirtschaftssubjekten. Letztere unterwerfen sich der ökonomischen Herrschaft des Arbeitgebers, sie stellen ihre ganze Arbeitskraft auf Zeit diesem zur Verfügung. Die Arbeitskraft ist hier von dem Vermieter der Arbeitskraft unzertrennlich. Als selbständig dagegen sind die Gewerbetreibenden anzusehen, die ein Produkt herstellen, auch wenn sie die Arbeit bezahlt erhalten. Zu diesen gehören die Hausindustriellen, die einen Vertrag auf Herstellung eines bestimmten Werkes schließen, aber nicht ihre ganze Arbeitskraft auf Zeit in den Dienst des Unternehmers stellen.

Diese ökonomische Selbständigkeit und Unselbständigkeit entspricht der rechtlichen Unterscheidung von Werkverdingung und Dienstmiete. Der Verlagsproduzent ist als Unternehmer im Werkverdingungsvertrag ein selbständiger Gewerbetreibender, der Arbeit für den Arbeitgeber, den Besteller leistet, welcher das Produkt derselben vertauschen will. Oder wie

---

1) Liefmann: Über Wesen und Formen des Verlags. 1899.

Liefmann definiert: „Verlagsproduzent ist der Arbeitnehmer aus einem Werkverdingungsvertrag, geschlossen mit einem Arbeitgeber, der das von jenem gelieferte Produkt vertauschen will."

Die Tätigkeit des Verlegers ist somit nicht die des Produktionsunternehmers, sondern Verlag ist eine Art des Handels, er ist Handel auf Grundlage des Lohnsystems, weil die dabei abgeschlossenen Verträge nicht Kauf-, sondern Arbeitsverträge sind. Tritt zwischen Unternehmer und Hausindustriellen ein Zwischenmeister, so ist letzterer der richtige und eigentliche Arbeitgeber, der Außenarbeiter aber der Verlagsproduzent.

Die oben gegebene Definition des Verlagsproduzenten macht, indem sie den Werkverdingungsvertrag als Kriterium der Hausindustrie bezeichnet, an Stelle eines nationalökonomischen Moments ein rechtliches zur Grundlage der Begriffsbestimmung. Es bleibt die Frage zu entscheiden, ob dieses rechtliche Merkmal in allen Fällen für die Hausindustrie zutrifft, und ob tatsächlich der Werkverdingungsvertrag nur in der Hausindustrie vorkommt und somit dieselbe von den verwandten Gebieten, Fabrik und Handwerk, unterscheidet.

Was die Frage der Einheitlichkeit des Arbeitsvertrags in der Hausindustrie betrifft, so muß dieselbe durchaus verneint werden. Denn die Hausindustriellen auf Grundlage des Kaufsystems, wie Schönberg diejenigen bezeichnet, welche nicht im Auftrage des Verlegers, sondern auf Vorrat arbeiten, und die gefertigten Produkte dem Unternehmer zum Kauf anbieten, schließen ohne Zweifel keinen Werkvertrag, sondern einen Kaufvertrag. Aber auch die andere Art des Arbeitsvertrages, der Dienstvertrag, fehlt nicht in der Hausindustrie. Derselbe liegt offenbar vor bei den Tagschneidern, die im Zeitlohn nach festgesetztem Stundenpreis entlohnt werden. Ebenso bei allen anderen Heimarbeitern, die, völlig unselbständig in ihrer Produktion, zwar Stücklohnverträge, aber doch Dienstverträge abschließen. Denn dieselben stellen übereinstimmend mit den für das Vorhandensein eines Dienstvertrages von Liefmann aufgestellten Bedingungen ihre ganze Arbeitskraft auf Zeit in den Dienst des Unternehmers, was nach Köhne[1]) schon daraus hervorgeht, daß bei der Arbeitsverdingung keine Lieferfristen abgemacht werden. Das Verbot der Arbeit für andere Unternehmer, oder für Private lassen ferner auf das Einsetzen der ganzen Arbeitskraft von seiten des Hausgewerbetreibenden schließen.

Gegen die Annahme des Werklieferungsvertrags als Charakteristikum

---

1) Köhne: Archiv für bürgerliches Recht. 1906.

der Hausindustrie spricht überdies das häufige Vorkommen desselben in nicht hausindustriellen Verträgen.

Der Kennzeichnung des Verlagsarbeiters als eigentlichen Produzenten, der des Verlegers als reinen Händlers kann mit Rücksicht auf die Verschiedenartigkeit in den Formen der Hausindustrie ebensowenig zugestimmt werden. Eine Heimarbeiterin, die von einer Zwischenmeisterin mit dem Schürzen von Knopflöchern beschäftigt wird, kann nicht Verlagsproduzentin genannt werden, ebensowenig ein Unternehmer Händler, der in seinem Fabrikbetriebe Waren herstellen läßt, um dieselben in Hausindustrie nacharbeiten zu lassen. Schließlich erscheint auch die Stellung des Zwischenmeisters als einziger Arbeitgeber zweifelhaft mit Rücksicht auf § 54 Abs. 2 des Krankenversicherungsgesetzes und § 2 Abs. 2 des Invalidenversicherungsgesetzes. Darin ist die Vorschrift enthalten, daß bei der Beschäftigung von Hausgewerbetreibenden durch Zwischenpersonen diejenigen Gewerbetreibenden, in deren Auftrage die Zwischenpersonen die Waren herstellen oder bearbeiten lassen, zur teilweisen Leistung der Beiträge und Eintrittsgelder für die Hausgewerbetreibenden, sowie für ihre Gesellen und Lehrlinge verpflichtet sind[1]).

Danach erscheint im Sinne der Versicherungsgesetzgebung nicht der Zwischenmeister als eigentlicher Arbeitgeber der von ihm beschäftigten Personen, sondern der Unternehmer, von dem er die Aufträge erhält. Diese gesetzliche Vorschrift spricht auch dafür, die Hausindustrie als einheitlichen Betrieb zu beurteilen. Somit muß die Ansicht Liefmanns abgelehnt werden.

Schmoller[2]) definiert:

„Hausindustrie ist eine gewerbliche Unternehmungsform, bei welcher der kleine Produzent nicht direkt ans Publikum verkauft, sondern den Absatz seiner Produkte nur durch anderweitige kaufmännische Vermittlung erreicht."

Diese Definition gibt keinen Aufschluß über die Hausindustrie als Unternehmungsform, auch ist nicht ersichtlich, was Schmoller unter dem Begriff kleiner Produzent verstanden wissen will.

Ferner können mit Produkten nicht gebrauchsfertige Waren gemeint sein, da in der Hausindustrie wie im Fabrikbetriebe Teiloperationen vorgenommen oder Halbfabrikate hergestellt werden.

---

1) Soziale Praxis. Bd. IX. Spalte 279; Lotmar: Der Arbeitsvertrag. 1902. S. 67.

2) Schmoller: Grundriß 1901.

Das Wesentliche jedoch, was die Hausindustrie von Handwerk und Fabrik scheidet, tritt bei Schmoller hervor. Es ist, wie Bücher[1]) betont, daß das gewerbliche Produkt, bevor es zu dem Verbraucher gelangt, Warenkapital wird, daß ferner ein kaufmännischer Unternehmer den außerhalb seiner Betriebsstätte, meist in ihren eigenen Wohnungen beschäftigten Arbeitern gegenübersteht.

2. Formen der Hausindustrie.

Die Vielgestaltigkeit der Hausindustrie erschwert eine einheitliche Schematisierung derselben. Es wird deshalb nötig, die Einteilung von verschiedenen Gesichtspunkten aus vorzunehmen. Je nach dem Grad der wirtschaftlichen Selbständigkeit unterscheidet man[1]):

1. Hausindustrie auf Grundlage des Kaufsystems. Unter diesem Namen versteht Schönberg[2]) Hausgewerbetreibende, welche ihre Produkte auf Vorrat nach bekannten Typen herstellen. Sie sind im Besitz der Werkzeuge und des Rohstoffes, verkaufen also Produkte und nicht Arbeitsleistungen. Dieser Unabhängigkeit in der Produktion entspricht tatsächlich häufig ein ökonomischer Tiefstand, weil das Angebot der gefertigten Waren oft nicht einem Bedarf des Verlegers entspricht, wodurch die Preise unter die sonst üblichen sinken.

2. Als zweite Form kommen die Hausgewerbetreibenden in Betracht, die auf Bestellung arbeiten, eigene Werkzeuge verwenden und die Roh- und Hilfsstoffe selbst liefern. In dieser Kategorie finden sich Hausindustrielle, die in gesicherter Existenz mit einer großen Anzahl Hilfspersonen arbeiten neben wirtschaftlich weniger günstig gestellten.

3. Die Hausgewerbetreibenden arbeiten auf Bestellung an eigenen Werkzeugen, erhalten jedoch den Hauptstoff vom Verleger. Sie arbeiten entweder mit fremder Hilfe oder allein resp. mit Hilfe von Familienangehörigen.

4. Es werden vom Arbeitgeber nicht nur Haupt- und Hilfsstoff gegeben, sondern derselbe ist auch im Besitz der Werkzeuge. Diese Hausindustriellen sind wie die gewerblichen Arbeiter völlig abhängig vom Unternehmer und von den letzteren nur durch die Arbeit in der eigenen Arbeitsstätte unterschieden.

---

1) Bücher, Die Entstehung der Volkswirtschaft 1900.
2) vgl. Koch: Die deutsche Hausindustrie 1906.
3) Handbuch der politischen Ökonomie. 1886. Bd. II, S. 393.

In Form 2, 3, 4 handelt es sich im Gegensatz zur ersten Kategorie um den Verkauf einer Arbeitsleistung. Es liegt demnach hier ein Arbeitsvertrag vor, dort ein Kaufvertrag.

Eine andere Einteilung ergibt sich mit Rücksicht darauf, ob der Außenarbeiter vom Verleger oder von einer Zwischeninstanz beschäftigt wird. Der Zwischenmeister ist Arbeitnehmer gegenüber dem Verleger, aber Arbeitgeber der von ihm beschäftigten Arbeiter. Mit den in seiner Werkstätte beschäftigten Gehilfen und Gesellen schließt er einen gewerblichen Arbeitsvertrag ab. Solche Zwischenmeister, die die Aufträge eines oder mehrerer Verleger übernehmen, lassen dieselben entweder in eigenen Werkstätten ausführen, wobei sie bisweilen selbst mit tätig sind, oder sie geben die zu fertigenden Produkte arbeitsteilig an Außenarbeiter unter freier Vereinbarung der Lohnhöhe mit den von ihnen beschäftigten Arbeitern. Die wirtschaftliche Lage dieser Zwischenmeister ist eine sehr verschiedene. Sie haben bisweilen ein beträchtliches Einkommen — der Bericht der Berliner Handelskammer 1906 nennt in einem Falle eine Summe von Mk. 4200 —, in den meisten Fällen jedoch arbeiten sie wie die durch sie beschäftigten Personen und essen ein fast noch schwereres Brot als die Heimarbeiter, da sie die mit dem Betrieb verbundenen Unkosten für Miete, Beleuchtung usw. zu tragen haben.

Andrerseits ist nicht zu verkennen, daß der Stücklohn der von den Zwischenmeistern beschäftigten Verlagsarbeiter um die von diesen für ihre Tätigkeit und für die Arbeitsvermittlung einbehaltenen Prozente verringert wird. In großen Betrieben muß ihr Dasein als Notwendigkeit betrachtet werden, da die direkte Arbeitsausgabe an die in großer Entfernung, bisweilen in einem andern Ort wohnenden Hausgewerbetreibenden unmöglich erscheint oder mit großen Kosten und Zeitverlust verknüpft wäre.

Weniger entscheidend für die ökonomische Lage als für die Rechte, die den Hausgewerbetreibenden die Gesetzgebung einräumt, ist die Unterscheidung zwischen Heimarbeitern und Hausindustriellen. Sie ist eine so schwankende, daß sich feste Normen für die Trennung beider Begriffe nicht aufstellen lassen, wie in dem folgenden Abschnitt näher erläutert werden soll.

Im Sprachgebrauch wird die Bezeichnung Heimarbeit oft als Kollektivbegriff gebraucht, oft wird aber auch unter Heimarbeiter der allein in seiner Wohnung tätige Verlagsarbeiter verstanden, unter Hausindustriellem dagegen der selbständige Arbeitgeber, der eine eigene Werkstätte besitzt.

3. Die Stellung der Hausindustrie in der Gesetzgebung.

Die Unterscheidung zwischen Hausindustriellen und Heimarbeitern beruht auf der verschiedenen Behandlung dieser beiden Personenklassen in der Gesetzgebung.

Indem das Krankenversicherungsgesetz und das Invalidenversicherungsgesetz von der Zwangsversicherung ausnimmt, „selbständige Gewerbetreibende, welche in eigenen Betriebsstätten im Auftrag und für Rechnung anderer Gewerbetreibender mit der Herstellung oder Bearbeitung gewerblicher Erzeugnisse beschäftigt werden", stellt es diesen selbständigen Gewerbetreibenden unselbständige Arbeiter gegenüber, die in der vorher gekennzeichneten Weise beschäftigt werden. Während letztere ebenso wie die in hausindustriellen Werkstätten beschäftigten Gesellen und Gehilfen nach § 1 Nr. 2 des Krankenversicherungsgesetzes dem Versicherungszwang unterliegen, kann die Versicherungspflicht der Hausindustriellen durch Ortsstatut oder gemäß der Novelle von 1900 durch Bundesratsverordnung begründet werden.

Dementsprechend bestimmt das Invalidenversicherungsgesetz Zwangsversicherung für hausindustrielle Gehilfen nach vollendetem 16. Lebensjahr und für Heimarbeiter. Für Hausgewerbetreibende ist die Selbstversicherung zulässig, sofern dieselben das 40. Jahr noch nicht erreicht haben. Die Versicherungspflicht kann nach § 2 Abs. 2 auf diese Personenklassen durch Bundesratsbeschluß ausgedehnt werden. Von diesem Recht hat der Bundesrat zweimal Gebrauch gemacht. Durch die Bekanntmachungen vom 16. Dezember 1891 bzw. vom 1. März 1894 ist die Versicherungspflicht auf Hausgewerbetreibende ausgedehnt, die mit der Herstellung oder Bearbeitung von Zigarren oder anderen Tabakfabrikaten sowie in der Weberei und Wirkerei beschäftigt sind.

Die Unterscheidung und Abgrenzung der beiden Begriffe Hausindustrie und Heimarbeit hat zu vielen Rechtsstreitigkeiten Veranlassung gegeben.

Noch unklarer als in der Versicherungsgesetzgebung ist die Stellung der Hausindustriellen im Gewerberecht. Sie werden erwähnt in der Gewerbeordnung in den §§ 100f, 119b und 125 Abs. 3. § 100f gestattet Hausgewerbetreibenden Mitglied einer Innung zu werden, wobei von ihnen vorausgesetzt wird, daß sie das betreffende Gewerbe selbständig betreiben. In § 119b nennt das Gesetz Hausgewerbetreibende „diejenigen Personen, welche für bestimmte Gewerbetreibende außerhalb der Arbeitsstätten der letzteren mit der Anfertigung gewerblicher Erzeugnisse beschäftigt sind" und dehnt die Bestimmung über das Verbot des Trucksystems, sowie der

Lohneinbehaltung auf diese Personen aus, auch wenn sie die Roh- und Hilfsstoffe selbst beschaffen. Das Gewerbegerichtsgesetz macht in § 5 diese Beschaffung des Rohstoffes zum Merkmal einer Klassifizierung. Während die Streitigkeiten der Hausgewerbetreibenden, welche die Haupt- und Hilfsstoffe selbst beschaffen, nur bei Erweiterung des Gewerbegerichtsgesetzes durch Ortsstatut dem Gewerbegericht unterstehen, ist dieses Gericht zuständig für alle Differenzen, die sich aus dem Arbeitsverhältnis der übrigen Hausgewerbetreibenden ergeben.

Indem das Gewerbegerichtsgesetz und die Gewerbeordnung im Gegensatz zu den Versicherungsgesetzen die Hausgewerbetreibenden als Personen, nicht als selbständige Gewerbetreibende bezeichnet, scheint gewerberechtlich eine Unterscheidung zwischen Hausindustriellen und Heimarbeitern nicht zu bestehen.

Diese Ansicht vertritt auch Lotmar[1]), indem er den Heimarbeitern ganz allgemein die Eigenschaft der gewerblichen Arbeiter abspricht, weil sie nicht zu den in Titel 7 der Gewerbeordnung aufgeführten Personen gehören, und weil zum Begriff des gewerblichen Arbeiters die Arbeit in der Betriebsstätte des Arbeitgebers gehört. Danach würden die Heimarbeiter als selbständige Gewerbetreibende zu behandeln sein und nicht der Gewerbeordnung unterstehen.

Im Gegensatz zu der zitierten Meinung nimmt v. Landmann[2]) an, daß die Gewerbeordnung die Hausgewerbetreibenden von den sogenannten Heimarbeitern unterschieden wissen will, welche er als unselbständige Lohnarbeiter bezeichnet, die meist aus zufälligen Gründen nicht in der Arbeitsstätte des Unternehmers, sondern in eigenen Arbeitsstätten beschäftigt sind. Diese Unterscheidung wird begründet durch § 100f und durch die Annahme eines einheitlichen Begriffes der Hausgewerbetreibenden in der gesamten Reichsgesetzgebung. Letzteres Argument widerlegt Nelken[3]), der aber auch in Übereinstimmung mit v. Landmann und v. Schulz[4]) eine Unterscheidung von Hausindustriellen und Heimarbeitern im Gewerberecht feststellt. Danach nehmen die Hausgewerbetreibenden eine mittlere Stufe ein zwischen gewerblichen Arbeitern und selbständigen Gewerbetreibenden, wie dies schon die Motive zum Krankenversicherungsgesetz betonen, und was aus der Gleichsetzung der Hausgewerbetreibenden mit gewerblichen Arbeitern bzw. Gesellen und Gehilfen in den §§ 119b und 125 Abs. 3 ersichtlich ist. Während unter dem

---

1) Lotmar: Der Arbeitsvertrag. S. 311.
2) v. Landmann-Rohmer: Kommentar zur Gewerbeordnung. S. 110, Bd. I.
3) Nelken: Gewerberecht in Preußen. 1906.
4) v. Schulz: a. a. O. S. 724.

3. Die Stellung der Hausindustrie in der Gesetzgebung.

Begriff der hausindustriellen Personen in verschiedensten wirtschaftlichen Stellungen zusammengefaßt werden, ist der Heimarbeiter wie der gewerbliche Lohnarbeiter unselbständig, wenn er auch in der eigenen Arbeitsstätte beschäftigt ist und Stücklohn für die ihm vom Unternehmer zur Verarbeitung übergebenen Rohstoffe erhält. Den Begriff des Heimarbeiters dehnt Nelken auch auf diejenigen Hausgewerbetreibenden aus, welche zwar mit eigenen Werkzeugen die gelieferten Rohstoffe weisungsgemäß bearbeiten, ohne Unterschied, ob bei der Herstellung der Arbeit Gehilfen (regelmäßig Familienmitglieder) beschäftigt werden.

Hausindustrie liegt vor bei der Beschaffung der Rohstoffe durch den Gewerbetreibenden, aber auch hier erst, wenn der Rohstoff nicht ein leicht zu beschaffender Naturgegenstand ist. Dann wird entscheidend, ob der Hausgewerbetreibende zu dem Unternehmer in einem ähnlich disziplinären Abhängigkeitsverhältnis steht wie der Lohnarbeiter. Die Unterscheidung dieser beiden Kategorien der Hausgewerbetreibenden beruht danach auf dem Vorhandensein eines Dienst- oder Werkvertrages, was auch Köhne[1]) annimmt.

Der hier gegebene Begriff von Hausindustrie und Heimarbeit deckt sich nur teilweise mit der herrschenden Auffassung, welche den Kreis der als Heimarbeiter zu bezeichnenden Personen enger faßt. Nach den Urteilen des O.V.G. und des Reichsversicherungsamtes kann auf Hausindustrie geschlossen werden, sobald wirtschaftliche, vor allem aber persönliche Selbständigkeit im Betriebe vorliegt, die durch die Möglichkeit gegeben ist, Anfang und Ende, Umfang und Reihenfolge der Arbeit zu bestimmen. Auch spricht dafür das Fehlen der Leitung in der Arbeit durch den bestellenden Unternehmer, sowie die Möglichkeit, die Arbeit durch Andere ausführen zu lassen. Wichtig ist ferner, ob die Veranlassung zu der Arbeit außerhalb der Betriebsstätte des Unternehmers in Raummangel zu suchen ist, oder ob dieselbe mit Rücksicht auf die Entstehung des Gewerbes als Hausindustrie geschieht. Ein Kriterium für die Beurteilung werden auch die gesamten persönlichen und wirtschaftlichen Verhältnisse geben müssen. Unter diesen Momenten erscheint als wichtigstes das der Selbständigkeit, wobei zu beachten ist, ob der Arbeiter seine ganze Arbeitskraft in den Dienst eines Unternehmers stellt, oder ob er für mehrere Arbeitgeber tätig ist und Arbeit für Private übernimmt. Von geringerer Wichtigkeit erscheint die Ausführung der übernommenen Arbeit durch den Arbeitnehmer selbst, da auch der Dienstvertrag die Ausführung der Arbeit durch einen andern zuläßt.

---

1) Köhne: a. a. O.

Die gegebenen Merkmale klären in vielen Fällen nicht die Stellung der Hausgewerbetreibenden, wie aus den bei v. Schulz angeführten Urteilen hervorgeht.

Bei der Verschiedenartigkeit der Auffassung, die die Begriffe Hausindustrie und Heimarbeit in Theorie und Praxis gefunden haben, liegt die Frage nahe, ob überhaupt die Subsumierung dieser Personenklassen unter die durch die Gewerbeordnung gegebenen der selbständigen Gewerbetreibenden und gewerblichen Arbeiter möglich ist.

Zum Begriff des selbständigen Gewerbetreibenden gehört nach Nelken unter allen Umständen Arbeit auf eigene Rechnung in dem Sinne, daß die Verwertung des Arbeitsproduktes für Rechnung desselben erfolgt. Es kann daher nur derjenige als selbständiger Gewerbetreibender angesehen werden, der sich in einer solchen wirtschaftlichen und gewerblichen Unabhängigkeit befindet, daß er sein Gewerbe betreibt, ohne von einem Unternehmer Weisungen hinsichtlich seines Gewerbebetriebes entgegennehmen zu müssen.

Es ist offenbar, daß nach dieser Charakterisierung der größte Teil der Hausindustriellen nicht zu den selbständigen Gewerbetreibenden gezählt werden kann.

Ebensowenig können sie nach geltendem Recht zu den gewerblichen Arbeitern der Gewerbeordnung gerechnet werden. Nach v. Landmann sind „als gewerbliche Arbeiter im Sinne des Titel 7 im allgemeinen, soweit nicht hinsichtlich einzelner Kategorien etwas besonderes bestimmt ist, alle diejenigen Personen anzusehen, welche in einem gewerblichen Unternehmen auf Grund eines Vertragsverhältnisses als Gesellen, Gehilfen, Lehrlinge, Betriebsbeamte, Werkmeister, Techniker, Fabrikarbeiter oder in ähnlichen Stellungen für Zwecke des Gewerbebetriebes beschäftigt werden." Soweit diese Definition gefaßt ist, könnten zu denselben höchstens die den unselbständigen Lohnarbeitern gleichgestellten Heimarbeiter gerechnet werden, was, wie erwähnt, v. Landmann tut, aber von anderen in Frage gestellt wird. Alle anderen Hausgewerbetreibenden stehen somit jedenfalls außerhalb der Gewerbeordnung und unterstehen den Bestimmungen des Bürgerlichen Gesetzbuchs.

Es unterliegt jedoch keinem Zweifel, daß die große Mehrheit der Hausgewerbetreibenden des rechtlichen Schutzes gerade so bedürftig ist, wie die gewerblichen Arbeiter, weshalb eine rechtliche Regelung ihrer Verhältnisse als dringend erforderlich erscheint.

Zum Schutz der in hausindustriellen Werkstätten beschäftigten Frauen und jugendlichen Arbeiter werden die Bestimmungen der §§ 135—139,

3. Die Stellung der Hausindustrie in der Gesetzgebung.

139b laut Verordnung von 1897 bzw. 1904 auf dieselben ausgedehnt, sofern in den Werkstätten Gegenstände der Kleider- und Wäschekonfektion im großen hergestellt werden. Während diese Verordnung sich nicht auf Familienbetriebe bezieht, regelt das Kinderschutzgesetz vom 30. März 1903 die Arbeit sowohl fremder als auch eigener Kinder. Leider ist das Gesetz durch vielfache Ausnahmebestimmungen durchbrochen worden. Auch hat sich, wie aus Nr. 4 des Reichsarbeitsblattes 1906 ersichtlich, herausgestellt, daß die Bestimmungen nicht überall zur Durchführung gelangen.

II.
Spezieller Teil.

1. Einleitung.
Allgemeine Übersicht über die Hausindustrie in Königsberg.

Die Hausindustrie hat in Königsberg keine bedeutende Ausdehnung erlangt. Vergleicht man die diesbezüglichen Zahlen der Gewerbezählung, so zeigt sich, daß Städte Mittel= und Westdeutschlands eine bei weitem größere Hausindustrie aufzuweisen haben. Die Gewerbezählung des Jahres 1895 gibt die Zahl der in Königsberg beschäftigten Hausgewerbe= treibenden auf 1614 an, doch scheint diese Zahl nach dem heutigen Stand zu niedrig berechnet zu sein. Meiner Schätzung nach ist die Zahl von 3500—4000 Hausindustriellen nicht zu hoch gegriffen. Die Haus= industriellen verteilen sich auf die verschiedenen Berufe etwa wie folgt (diese Ziffern beruhen teils auf meiner eigenen Schätzung, teils auf An= gabe der betreffenden Organisationen):

Schneider inkl. Konfektionslagerarbeiter	1200
Schuhmacher	625
Tischler	625
Schneiderinnen und Konfektionsarbeiterinnen	200
Wäschekonfektion	900
Schirmarbeiterinnen	165
Bernsteinkratzerinnen	225
Maschinenstrickerinnen	60
Zigarettendreherinnen, Erbsenleserinnen usw.	300

Wie diese Zahlen zeigen, sind unter den hiesigen Hausindustriellen etwa die Hälfte männliche Arbeiter. Bei denselben ist in den meisten Fällen ein Mischform zwischen Hausindustrie und Handwerk vorhanden, da neben der Arbeit für den Verleger in der stillen Zeit die Kundenproduktion tritt.

1. Einleitung.

Bei den Arbeiterinnen ist das Verhältnis der verheirateten und unverheirateten Kräfte zahlenmäßig nicht nachzuweisen. Nach dem gewonnenen Überblick ist ungefähr die doppelte Anzahl verheirateter Frauen tätig. Die größte Zahl verheirateter Arbeiterinnen ist mit Bernsteinkratzen, Erbsenlesen sowie mit der Anfertigung von Arbeiterwäsche, also in ganz unqualifizierter Arbeit, beschäftigt. Der Grund für diese Erscheinung ist wohl in dem Fehlen jeglicher Ausbildung in der Jugend, und in der später hervortretenden Notwendigkeit zu suchen, einen Zuschußverdienst zu dem vom Mann erworbenen Lohn zu erlangen. Die Heimarbeiterinnen gehören fast ausschließlich Arbeiterkreisen an, selten arbeiten Frauen von kleinen Beamten und Geschäftsinhabern. Eine Konkurrenz von Frauen gebildeter Stände konnte nicht festgestellt werden. Dieselben finden vereinzelt in Handarbeitsbazaren Beschäftigung, in denen Frauen unterer Kreise wohl schon des unregelmäßigen Verdienstes wegen nicht nach Arbeit nachfragen.

Die sittlichen Verhältnisse der Arbeiterinnen wurden, soweit meine persönlichen Beobachtungen und Erkundigungen, die ich einzog, reichen, trotz mangelhafter Erwerbsbedingungen und Ernährung für gut befunden.

Zwischenmeister, welche vom Unternehmer Arbeit erhalten und sie an Außerhausarbeiter weiter geben, kommen nur vereinzelt vor. Hausindustrielle Werkstätten, in denen die Gehilfen teils auf Zeitlohn, teils in Akkord arbeiten, sind eine in allen Branchen häufige Erscheinung. Die Lage dieser in eigenen Arbeitsstätten mit fremder Hilfe arbeitenden Zwischenmeister wurde als eine sehr elende gefunden in der Schuhmacherei, der Lagerschneiderei und teils in der Wäschekonfektion. Die Hausindustriellen sind nicht imstande, Berechnungen über die Rentabilität der Hilfskräfte aufzustellen, da über die ihnen erwachsenen Unkosten für Löhne, Materiallieferung, Versicherungsbeiträge usw. nirgend Buch geführt wird.

Wie in anderen Orten wurde auch hier die Erfahrung gemacht, daß in der Hausindustrie die Löhne nicht der Qualität der Arbeit entsprechen, und daß der Akkordlohn nicht nach Maßgabe eines bestimmten Zeitlohnes berechnet ist, sondern, soweit nicht durch Organisationen Tarife abgeschlossen sind, der willkürlichen Preisfestsetzung durch den Unternehmer keine Grenze gegeben ist. Günstige Lohnverhältnisse finden sich nur im Schneiderhandwerk, wo sich der Stundenlohn auf 45—65 Pfennige stellt, sowie in der Tischlerei. Während in der Schuhmacherei der Stundenlohn der die einfachsten Schuhe fertigenden Handwerker ca. 10 Pfennige pro Stunde beträgt, geht der Stundenlohn der Häklerinnen und Wäschearbeiterinnen bis auf 5—6 Pfennige herunter. Der Grund für diese Abweichungen selbst bei gelernter Arbeit ist wohl darin zu suchen, daß die Schneider, seit vielen Jahren organisiert, durch Streiks und Tarifverträge eine Aufbesserung ihrer Löhne erlangt haben. Wie wichtig die Organisation für Erlangung höherer Preise auch in der Heimarbeit ist, geht aus dem hiesigen Streik der Schuhmacher im Frühjahr dieses Jahres hervor. Derselbe konnte mit Erfolg nur für die besseren Arbeiter durchgesetzt werden, während die übrigen, welche erst kürzlich der Organisation beigetreten waren und deshalb kein Recht auf Streikunterstützung hatten, von ihren Forderungen abstehen mußten. Die männlichen organisierten Arbeiter gehören zum größten Teil den freien Gewerkschaften an. Die weiblichen Heimarbeiter sind fast völlig un= organisiert, da der einzig hier bestehende Verein, der Gewerkverein der Heimarbeiterinnen der Kleider= und Wäschekonfektion, nur ca. 150 Mit= glieder zählt. Trotz der geringen Beteiligung ist es diesem Verein ge= lungen, Tarifverträge in der Schirmbranche abzuschließen, die eine Lohn= erhöhung von ca. 20 % gebracht haben. Seit dem Sommer dieses Jahres sind einige weitere Lohnerhöhungen durch freiwillige Zulage der Unter= nehmer zu verzeichnen. So ist der Lohn für die billigsten Arbeiter= hemden um ca. 10 % erhöht (Dutzend von Mark 1,10 auf 1,20). Doch sind dies nur Ausnahmefälle, durch die die Lage der Heimarbeiter im ganzen nicht wesentlich beeinflußt wird. Vor allem herrscht trotz fast überall eingeführter Lohnbücher völlige Regellosigkeit in den Löhnen, die bisweilen um 50 % voneinander abweichen.

Die Wohnungsverhältnisse werden durch nachstehende Tabelle illustriert, aus der die Angaben über die Wohnungen einiger Hausindustriellen, so= weit dieselben ermittelt werden konnten, hervorgehen. Dieselbe gibt die Größe und Preise der Wohnungen an und die Häufigkeit der vorkommenden Fälle.

Zahl der Zimmer	Kam wie oft vor	Preis pro Jahr Mk.	Zahl der in der Wohnung wohnenden Personen Erwachs. (Kind.)	Aftermieter
1 Zimmmer	4 mal	60—108	1—1(1)	
1 Zimmer und Küche	7 mal	120 - 222	3(2)—5	3 mal Schlafstelle
1 Zimmer, Kabin., Küche	7 mal	186—276	2(5)—4(2)	
1 Zimmer, Kabin., Küche, Entree	2 mal	222—342	2(1)	1 mal halb verm.
2 Zimmer, Küche, Entree	15 mal	276—360	2(3)—5)7)	5 mal 1 Schlafstelle
2 Zimmer, Kabin., Küche	1 mal	279	4(2)	
3 Zimmer, Kabin., Küche	(2) mal	400—500	3—5	1 mal
4 Zimmer, Kabin., Küche	1 mal	700	5	2 Zimmer verm.

Aus der vierten Rubrik ist die Zahl der in der Wohnung wohnenden Personen ersichtlich, wobei die in Klammern gestellte Zahl die Anzahl der Kinder bezeichnet.

1. Einleitung.

Handelt es sich bei dem Vermieten um Schlafstellen, so wurden Mk. 3.00—4.00 monatlich gezahlt. Die Miete für ein Kabinett betrug Mk. 6.00—7.00, für ein großes möbliertes Zimmer Mk. 20.00—25.00.

Die Ausgaben für die Wohnung im Verhältnis zu den Einnahmen betrugen bei den Schneidern 20—25 %, bei den Schuhmachern 40—45 %, bei Wäschearbeiterinnen bis 50 %[1]).

Ich lasse noch einige Angaben folgen, aus denen die Ausgaben der Hausindustriellen ersichtlich sind.

Ein verheirateter kinderloser Schuhmacher, dessen erwachsener Pflegesohn Mk. 8.00 wöchentlich für Logis und Beköstigung zahlt, schrieb folgende Ausgaben in 15 Tagen auf.

An Nahrungsmitteln:

Brot	Mk. 2.80	
Kartoffeln	„ 1.40	
Reis	„ 0.20	
Farin	„ 0.55	
Salz	„ 0.20	
Milch	„ 0.80	
Getrocknetes Obst	„ 0.90	
Fleisch und Wurst	„ 7.80	
Schmalz und Butter	„ 3.00	
Fische bzw. Heringe	„ 2.55	
Tee, Kaffee, Kaffeesurrogate . . .	„ 1.15	
Bier	„ 1.10	
Schnaps	„ 3.20	Mk. 25.65

Nebenausgaben:

Petroleum	Mk. 1.10	
Seife	„ 0.60	
Reparaturen, Wäsche	„ 0.55	
Haarschneiden	„ 0.10	
Holz	„ 0.50	
Zigarren	„ 0.15	
Zeitung	„ 0.75	3.75
		Mk. 29.40

---

[1]) Die obigen Prozentziffern wurden durch Vergleich der Ausgaben für die Wohnung mit den dazugehörigen Gesamteinnahmen gewonnen.

II. Spezieller Teil.

Der Verbrauch einer Witwe (Schirmnäherin) mit drei Kindern im Alter von 5, 8 und 9 Jahren betrug in zwölf Tagen:

Brot	Mk. 3.90	
Mehl, Reis	„ 0.35	
Kartoffel	„ 1.20	
Milch	„ 1.02	
Farin	„ 0.42	
Eier	„ 0.54	
Kaffee	„ 0.95	
Fleisch	„ 3.50	
Schmalz	„ 1.70	
Heringe	„ 0.20	
Käse	„ 0.35	
Bier	„ 0.50	Mk. 14.63

Nebenausgaben:

Plättkohlen	Mk. 0.30	
Maschinengarn	„ 1.71	
Band usw.	„ 0.28	
Wäsche	„ 0,30	
Petroleum	„ 0.80	
Seife	„ 0.35	3.74
		Mk. 18.37

Eine Hembennäherin, Witwe mit zwei Kindern von 10 und 12 Jahren, verbrauchte in einem Monat Mk. 23.00. Sie zahlt für Miete Mk. 12.50. Ihre Einnahmen betrugen monatlich aus Nähen Mk. 27.00—28.00 aus Waschen Mk. 3.00, Armengeld Mk. 4.00. Mittel zur Anschaffung von Kleidern, zu Holz und Nebenausgaben bleiben somit kaum übrig.

Leider konnten Angaben über den Verbrauch, die sich auf längere Zeit erstreckten, nicht beschafft werden. Ein Schluß auf den Jahresverdienst läßt sich aus diesen Aufzeichnungen nicht ziehen, da in denselben die Ausgaben für Beheizung, Bekleidung usw. nicht enthalten sind. Dennoch bieten sie einiges Interesse durch die verschiedene Verwendung der vorhandenen Mittel.

Die Lage der Hausindustriellen in den einzelnen Branchen geht aus der folgenden Einzelschilderung hervor.

2. Die einzelnen Hausindustrien.

a) Hauskonfektion und Lagerarbeit.

Herrenkonfektion.

Um einen Überblick über die Lage der Hausindustrie in der Herrenkonfektion zu geben, muß die Lagerarbeit und die Maßarbeit getrennt behandelt werden. Während es nämlich einer starken Organisation der Maßschneider gelungen ist, Tarife mit den Inhabern von 75 Maßgeschäften abzuschließen, sind die Lagerschneider noch gar nicht organisiert und dementsprechend schlecht bezahlt. Der Tarif teilt die Geschäfte in drei verschiedene Klassen und setzt die Stückpreise je nach der Zugehörigkeit der Unternehmer zu diesen Klassen verschieden fest. Er enthält für die Herrenschneider 272 Positionen und außerdem 15 Paragraphen. Danach ist der Stundenlohn der heimarbeitenden Tagschneider auf Mk. 0.45, 0.40 und 0.35 in Klasse 1, 2, 3 festgesetzt. Für Überstunden, die von Tagschneidern auf Geheiß des Arbeitgebers geleistet werden, ist bis 10 Uhr abends ein Zuschlag von Mk. 0.10 die Stunde, nach 10 Uhr ein Stundenpreis von Mk. 0.75 zu bezahlen. Der Minimallohn für Näherinnen, die ein halbes Jahr ordnungsmäßig gelernt haben, beträgt Mk. 0.15 pro Stunde. Bei Stückschneidern darf Nacht-, Sonn- und Feiertagsarbeit nur in dringendsten Fällen auf Verlangen des Arbeitgebers geleistet und muß mit Mk. 3.00 Zuschlag bezahlt werden. Für die in den Werkstätten beschäftigten Schneider tritt ein Abzug von 5% von den Tarifpreisen ein. Maschinen- und Betriebsmaterial werden dabei von den Arbeitgebern, Nähmaterial von den Werkstattarbeitern geliefert. Bei Änderungen, soweit sie von Stückschneidern vorgenommen werden, wird ein Stundenlohn von Mk. 0.60 für die erste und zweite Klasse, von Mk. 0.50 für die dritte Klasse in Anrechnung gebracht. Wichtig ist ferner ein Paragraph, der bestimmt, daß Arbeitgeber nicht solche Arbeitnehmer beschäftigen dürfen, von denen festgestellt wird, daß sie für Geschäfte oder Privatkundschaft zu billigeren Preisen als in dem Tarif festgesetzten arbeiten. Dadurch müßte bei rigoroser Handhabung die Arbeit für Private völlig unterbunden sein. Dieser Tarif ist dadurch bemerkenswert, daß durch denselben nicht nur die Lohnhöhe geregelt wird, sondern auch Bestimmungen zur Regelung der Arbeitszeit unter Bezahlung eventueller Überstunden getroffen werden. Bei der Stärke der Organisation läßt sich auf Einhaltung der vorstehenden Paragraphen hoffen. Abgesehen von diesen allgemeinen Bestimmungen bringt der Tarif gegen den zuletzt abgeschlossenen eine Lohnerhöhung von 12—15%, für Westen eine solche bis 30%, außer den Extrarbeiten, die früher nicht besonders berechnet wurden [1]).

Der Jahresverdienst der Schneider, die für ein Geschäft erster Klasse arbeiten, ohne Gesellen, nur mit Hilfe der Frau, kann auf Mk. 12—1500 angenommen werden. Die für die zweite Klasse tätigen verdienen Mk. 9—1100, die für die dritte Klasse Mk. 6—900. Bei dem berechneten Jahresverdienst war zum Teil noch der alte Tarif in Geltung. Die Westen werden teils von Männern, teils von Frauen gefertigt. Da die Preise laut Tarif berechnet werden, sind die Verdienstmöglichkeiten beider Geschlechter gleich. Die Arbeiterinnen der ersten Klasse verdienen ohne Hilfe Mk. 7—900 im Jahre, die der dritten Klasse Mk. 6—700. Zum Erlernen der Westennäherei werden 6 Monate gebraucht, während welcher Zeit die Lernende unentgeltlich arbeitet. Während des folgenden Vierteljahres erhält sie Mk. 6 pro Monat, später soll der Stundenpreis laut Tarif 0.15 Pfg. betragen, was jedoch tatsächlich nicht immer eingehalten wird.

Der Verdienst, der oben angegeben ist, ist nur bei angestrengter Tätigkeit zu erreichen. Nachtarbeit in der Hochsaison ist überall üblich, in der guten Zeit wird regelmäßig ca. 14 Stunden gearbeitet. Daneben treten Zeiten fast völliger Geschäftsstille ein. Das Einkommen der mit Gesellen arbeitenden Hausindustriellen ist nicht viel günstiger. Die Gesellen erhalten Mk. 10.00—18.00 die Woche und die kleinen Mahlzeiten (Vesper, Frühstück), wofür die Unkosten auf Mk. 0.50 pro Tag geschätzt wurden. Die Gesellen werden nur während der Saison, d. h. 5—6 Monate beschäftigt. In der stillen Zeit gehen sie zu den Eltern oder zu Schneidern aufs Land. So hatten von Pfingsten bis Mitte Juli vorigen Jahres 151 Gesellen Königsberg verlassen. Sie arbeiten in kleinen Städten oder auf dem Lande bei einem kleinen Meister für einen Wochenlohn von Mk. 2.50—3.00 bei freiem Essen. Lehrlinge werden hier nicht ausgebildet, in der Regel wird die Lehrzeit auf dem Lande oder in einer kleinen Stadt zugebracht, weil dort der fehlenden Arbeitsteilung wegen die Ausbildung eine gleichmäßige ist.

---

[1]) Während diese Arbeit im Druck erschien, ist der obige Tarif von den Schneidern gekündigt worden, weil die Unternehmer sich weigerten, innerhalb weniger Tage über eine große Anzahl neu in den Tarif aufzunehmender Positionen sich schlüssig zu machen. Am 1. März wollen die Arbeiter die Arbeit niederlegen, doch scheint der Ausgang des Streiks fraglich, da die hiesigen Unternehmer dem Arbeitgeberverband in der Herrengarderoben- und Uniformbranche beigetreten sind.

2. Die einzelnen Hausindustrien.

Lagerarbeit.

Während die Zahl der Maßschneider auf 1000 geschätzt wird, läßt die der Lagerschneider sich nur ungefähr nach den Angaben der Unternehmer berechnen. Es kommen dabei drei Engrosfirmen in Betracht, von denen jede ca. 60—80 Arbeiter beschäftigt. Außer diesen werden Lagerarbeiten im Auftrage einiger anderer Unternehmer gefertigt, die jedoch viel bessere Preise als die zuerst genannten Engroshändler zahlen. Bei letzteren wird für einen Kaisermantel bezahlt Mk. 1.25—2.25, für einen Hohenzollernmantel Mk. 3.00—4.00, für Paletots Mk. 1.75—3.00, für Stoffjacketts Mk. 0.75—1.50, für Stoffhosen Mk. 0.35—0.50, für Stoffwesten Mk. 0.50—0.60, für Sommerjoppen ohne Futter Mk. 0.25—0.30. Die Preise für Kindergarderobe sind dementsprechend. Die Knopflöcher an den fertigen Gegenständen werden auf der Knopflochmaschine gemacht, wobei für die mit Zwirn geschürzten 1 Pfg., für die in Seide gemachten 1½ Pfg. vom Arbeiter zu zahlen ist. Die Knopflochmaschinen sind bisweilen im Besitz besonderer Unternehmer, nur vereinzelt haben sie Heimarbeiter angeschafft. Sie kosten Mk. 500 bei einer wöchentlichen Abzahlung von Mk. 3.00. Die Arbeitszeit der Lagerschneider dauert regelmäßig 15—16 Stunden, in der Saison länger. Die Frau hält dieselbe Arbeitszeit ein, wie der Mann. Es braucht nicht erwähnt zu werden, daß die Kinder und die Wirtschaft darunter zu leiden haben. Als Hilfe werden bisweilen Gesellen genommen. Dieselben bekommen Mk. 8.00 die Woche und volles Essen oder Mk. 14,00 die Woche und die kleinen Mahlzeiten. Sind Näherinnen eingestellt, so erhalten sie nach einer Lehrzeit von einem halben Jahr gewöhnlich Mk. 1.00 pro Tag. Vereinzelt finden sich unter den Lagerschneidern auch Frauen, die nicht nur Westen, sondern auch Hosen, Joppen und Kinderanzüge aus schweren Stoffen anfertigen. Diese Arbeit ist für sie eine sehr anstrengende, nicht nur wegen der schwer zu bearbeitenden Stoffe, sondern auch wegen des Bügelns, das viel Kraft erfordert und gesundheitsschädlich ist, weil nur Kohlenbügeleisen im Gebrauch sind. Die Schwankungen der Saison machen sich auch bei diesen Arbeitern bemerkbar. Insbesondere wirken die Witterungsverhältnisse darauf, da das Eintreten des Sommer- und Winterbedarfs sich je nach der Temperatur verschiebt. Die zu verarbeitenden Stoffe werden den Schneidern zugeschnitten ins Haus geschickt — die Geschäfte haben Zuschneidemaschinen — wobei dem Überbringer jedesmal ein Trinkgeld von Mk. 0.60—1.00, je nach der Größe des Warenballens zu bezahlen ist, was drei bis viermal im Monat vorkommt. Die Ablieferung der fertigen Waren geschieht meist durch die Frau. Der Mann, der auch am Sonntag die Arbeit nicht unterbricht, kommt fast nie an die frische Luft. Um einen Überblick über die Verdienstmöglichkeiten zu geben, lasse ich einige Auszüge aus Lohnbüchern folgen, doch muß dabei betont werden, daß die Adressen der aufgesuchten Schneider von den Arbeitgebern stammen, daß es sich also um besonders günstig gestellte, weil dauernd beschäftigte und fleißige Arbeiter handelt. Der Verdienst anderer Schneider dürfte bedeutend geringer sein, er beträgt nach ihrer Angabe Mk. 5—700.

Schneider F. arbeitet von morgens 6—12 Uhr nachts regelmäßig, zweimal wöchentlich vor den Liefertagen die Nächte hindurch. Seine Frau hält dieselbe Arbeitszeit ein. An Auslagen verbraucht er 10 Tonnen Holzkohlen à Mk. 2.40 jährlich, Garn monatlich Mk. 12.00, Nadeln und Öl sind nicht berechnet.

Einnahmen:

April	. Mk. 111.50	Juli .	. Mk. 173.70	Oktober .	Mk. 163.25
Mai .	. „ 239.30	August .	„ 145.60	Novembr.	„ 192.20
Juni .	. „ 157.30	Sptbr. .	„ 220.00		
	Mk. 508.10		Mk. 539.30		Mk. 355.45

In 8 Monaten Mk. 1402.85.

Was die fehlenden Monate anbelangt, so ist der Verdienst im Dezember und Januar der Inventur wegen sehr gering, weshalb der Jahresverdienst nicht berechnet werden konnte.

Schneider M. arbeitet auch mit seiner Frau. Er verdiente:

August .	. Mk. 179.95	Oktober .	. Mk. 68.85
September .	„ 202.85	November .	„ 189.35
	Mk. 382.80		Mk. 258.20

In 4 Monaten Mk. 641.00.

Schneider K. Es helfen bei der Arbeit die Frau, die krank ist und eine Nähterin. Er hat früher mit Gesellen gearbeitet, ist dabei jedoch nicht durchgekommen. Die Kinder, es sind fünf, sind sehr unsauber gehalten, ebenso die Wohnung, die aus zwei Zimmern und Küche besteht und Mk. 276.00 Miete kostet. Er verdiente in 11 Monaten Mk. 875.00.

Schneider Sch. arbeitet mit zwei erwachsenen Söhnen, die bei dem Vater gelernt haben. Eine Tochter von 15 Jahren hilft mit. Zur Werkstätte wurde eine zufällig im Hause leerstehende Wohnung benutzt. In der Wohnung, die aus zwei Zimmern und Küche besteht, kann nicht gearbeitet werden, weil Sch. zehn Kinder hat. Die Arbeitszeit wird regelmäßig von $^1/_2$6 Uhr morgens bis 7 Uhr abends mit einstündiger Mittagspause eingehalten. Er verdient:

2. Die einzelnen Hausindustrien.

August . . Mk.	93.90	November . „	175.15
September . „	231.90	Dezember . „	107.70
Oktober . . „	182.15	Januar . . „	204.10
Mk.	507.95	Mk.	486.95
Februar . Mk.	168.70	Mai . . . Mk.	169.00
März . . „	263.90		
April . . „	226.90		
Mk.	659.50	Mk.	169.00

In 10 Monaten Mk. 1723.40.

Frau R., Joppenarbeiterin, Mann Schmied, verdient Mk. 2.00—3.00 täglich. Eine Tochter von 19 Jahren half bei der Arbeit, mußte aber krankheitshalber auf Veranlassung des Arztes die Arbeit aufgeben. Sie ist Kontoristin mit einem Gehalt von Mk. 40.00 monatlich, hilft aber noch in der Mittagspause und abends. Die alte Mutter besorgt die Wirtschaft und hilft auch. Die Wohnung besteht aus drei Zimmer und dunklem Kabinett und kostet Mk. 500. Ein Zimmer wird möbliert für Mk. 20.00 monatlich vermietet.

Sie verdiente:

Januar . Mk. 30.50	April . . Mk. 41.60	Juli . . Mk. 34.50
Februar . „ 57.30	Mai . . „ 34.80	August . „ 52.40
März . . „ 61.45	Juni . . „ 75.75	September „ 94.85
Mk. 149.25	Mk. 152.15	Mk. 181.75

In 9 Monaten: Mk. 483.15.

Frau S. fertigt Knabenanzüge. Sie ist Witwe und hat eine 20 jährige Tochter. Diese hat bis vor kurzem mitgearbeitet, mußte jedoch auf ärztliche Verordnung wegen Überanstrengung durch die sitzende Lebensweise eine Stellung in einem Geschäft annehmen. Sie erhält ein Monatsgehalt von Mk. 60.00. Außerdem hielt Frau S. bis zum 1. April eine Näherin, der sie täglich Mk. 1.00 gab.

Sie verdiente:

Januar . . Mk.	84.85	April . . . Mk.	9.90
Februar . . „	90.80	Mai . . . „	90.30
März . . . „	89.10	Juni . . . „	27.00
Mk.	264.75	Mk.	127.20
Juli . . . Mk.	63.70	Oktober . . Mk.	78.25
August . . „	68.70	November . „	40.25
September . „	34.05	Dezember . „	41.60
Mk.	166.45	Mk.	160.10

Jahresverdienst: Mk. 718.50.

Frau A. näht Westen. Der Verdienst war im letzten Jahre unregelmäßig, weil sie durch Krankheit ihres Sohnes an der Arbeit verhindert war. Der Jahresverdienst betrug Mk. 360.

Zwei Schwestern G., Joppenarbeiterinnen, die mit einer Näherin arbeiten, die Mk. 1.50 pro Tag bekommt. Ihr Verdienst betrug in einem halben Jahre Mk. 926. Sie haben die Arbeit aufgegeben, weil sie sie körperlich nicht länger durchsetzen konnten.

Von dem angegebenen Jahreseinkommen gehen die Auslagen in Höhe von etwa 10 % ab, was auch mit dem Bericht der Berliner Handelskammer übereinstimmt.

Das Einkommen der Maßschneider muß als durchaus ausreichend angesehen werden. Hingegen ist der Verdienst der Lagerschneider neben dem der Schuhmacher am ungünstigsten. Die in der Herrenkonfektion beschäftigten Arbeiterinnen sind verhältnismäßig viel besser gestellt als andere Heimarbeiterinnen.

b) Damenkonfektion und Schneiderei.

Die Damenkonfektion wird teils von männlichen Schneidern, teils von Konfektionsschneiderinnen angefertigt, je nachdem es sich um die Herstellung von Kostüms in englischem Genre oder garnierten Mänteln bzw. Jacketts handelt. Die einfacheren Artikel der Damenkonfektion werden durchgängig von auswärts fertig bezogen, während noch vor kurzem Lagerarbeit hier teilweise angefertigt wurde. Daher klagen die Arbeiterinnen selbst, soweit sie für große Geschäfte tätig sind, über unregelmäßige Beschäftigung. Diese Schwankungen suchen sie durch Arbeit für Private auszugleichen. Für den Unternehmer setzen die Arbeiterinnen meist die Stückpreise fest, im Gegensatz zu den Damenschneidern, die durch den vorerwähnten Tarif gebunden sind, der nach dem Schneiderstreik von 1906 abgeschlossen ist. Die darin festgesetzten Löhne sind bedeutend höher als die vorher an die Frauen bezahlten. Für Änderungen muß ein Stundenlohn von Mk. 0.60 für männliche Arbeiter, von Mk. 0.35 für weibliche Arbeiter in Anrechnung gebracht werden. Derselbe Stundenlohn ist bei Garnierungen und Applikationen vorgesehen. In bezug auf die Frauenarbeit enthält der Tarif den Satz: „Vorstehende Löhne gelten bei gleichmäßig brauchbarer Arbeit auch für weibliche Arbeitskräfte." Diese Geringschätzung weiblicher Kräfte, die auch in der Abweichung im Stundenlohn zu Ausdruck kommt, scheint in hohem Grad berechtigt. Die geringere Leistungsfähigkeit der Arbeiterinnen beruht wohl größtenteils auf der mangelhaften, nicht handwerksmäßigen Ausbildung.

2. Die einzelnen Hausindustrien.

Die weiblichen Konfektionsarbeiterinnen erreichen in guten Geschäften einen Verdienst von Mk. 800—1000, wenn sie mit einer Hilfe arbeiten, die Mk. 1.50 pro Tag bekommt. Berechnet man die auf den Hausindustriellen lastenden Ausgaben, so ist ersichtlich, daß dieselben auf Kundenarbeit angewiesen sind. Eine Arbeiterin für Paletots, Pelze usw., die allein arbeitet, verdiente jährlich Mk. 400, was wohl als Norm angesehen werden kann. Verhältnismäßig am günstigsten sind die Änderungsarbeiterinnen gestellt, die einen Verdienst von Mk. 12—15 im Minimum, von Mk. 40—60 im Maximum in der Woche erreichen.

Die Damenschneiderei.

In der Damenschneiderei kommt für die Heimarbeit nur die Maßschneiderei in Betracht, und zwar werden Damenkleider auf Bestellung in fast allen Damenkonfektions- und Manufakturwarengeschäften und in einigen Putzgeschäften gefertigt. Während in der Wäschekonfektion die Preise der zu fertigenden Stücke vorher angegeben werden, können die Schneiderinnen dieselben in den guten Geschäften meist bei der Ablieferung des fertigen Gegenstandes, je nach der verursachten Mühe selbst bestimmen. Nach Aussage der Arbeiterinnen entstehen dabei fast nie Differenzen. Der Arbeitslohn für Kleider schwankt zwischen Mk. 5.00—18.00, der Arbeitslohn für Blusen beträgt Mk. 2.00—8.00. Das Futter wird teils in den Geschäften zugeschnitten, teils unzugeschnitten an die Arbeiterin gegeben. Stoff und Besatz liefert das Geschäft, die kleinen Auslagen die Schneiderin. In den seltensten Fällen arbeiten die Schneiderinnen allein, sie haben entweder Lehrmädchen, die ein halbes Jahr unentgeltlich lernen, oder Näherinnen. Einzelbetriebe finden sich bei den Arbeiterinnen für Oberhemdblusen und den Veränderungsarbeiterinnen.

Bei der Anfertigung ganz billiger Blusen (Dutzend Mk. 2.40) und Kinderkleidchen beträgt der Jahresverdienst Mk. 300—350, er steigt bei Schneiderinnen mittleren Genres auf Mk. 4—500. Einnahmen von Mk. 600 und mehr werden bei Mitarbeit von Familienangehörigen oder Fremden erreicht. Schneiderinnen, die für die ersten Geschäfte arbeiten, haben wegen der großen Schwankungen der Saison trotz hoher Stücklöhne keinen entsprechenden Jahresverdienst. So verdiente eine Arbeiterin, die ihre 78 jährige Mutter ernährt, welche Mk. 5.00 Armengeld monatlich erhält, in einem Geschäft im Jahre Mk. 807. Sie arbeitet noch für ein Geschäft, aus dem der Verdienst ganz gering ist. Zur Hilfe hat sie in der Saison zwei, sonst eine Näherin.

Zwei Schwestern R. unterhalten ihren Vater, der bei der Arbeit etwas behilflich ist, außerdem ist eine Nähterin angenommen. Der Jahres= verdienst betrug Mk. 1530.

Trotzdem aus obigen Angaben hervorgeht, daß die Lage in der Damen= konfektion und Schneiderei keine den an die Arbeit gestellten Ansprüchen ent= sprechende ist, hat sich oft ein jahrelanges Arbeitsverhältnis herausgestellt.

c) Die Schuhmacherei.

Die Anfertigung von Schuhwaren geschieht hier durch Hausindustrielle und Heimarbeiter. Eine Schuhwarenfabrik existiert am hiesigen Ort nicht, nachdem mehrfach der Versuch mißglückt ist, einen maschinellen Betrieb mit 30—40 Arbeitern einzurichten. Für die Beschäftigung von Verlags= arbeitern kommen in Betracht ca. 30 Maßgeschäfte, 14 Bazare, 3 Versand= geschäfte und 14 Geschäfte einfachsten Genres. Während ein Teil dieser Unternehmer Reparaturwerkstätten hat, beschäftigt nur einer 6—8 Ge= sellen mit Neuanfertigungen. Insgesamt sind ca. 25 Innungsmeister und 600 Gesellen in der Hausindustrie tätig. Während für die guten Geschäfte und meist auch für die Bazare der allein arbeitende Geselle zu Hause tätig ist, werden die billigen Schuhwaren für Arbeiter sowie die Zeugschuhe in Zwischenmeisterwerkstätten hergestellt. Hier finden die Gesellen nach vollendeter Lehrzeit Beschäftigung, die auf Akkord arbeiten. Diese Zwischenmeister, die oft der Innung angehören und sich als selb= ständige Meister gegenüber dem allein arbeitenden Gesellen fühlen, arbeiten entweder auf Bestellung, wobei der Verleger die Schäfte liefert, während sie selbst den Unterboden und die anderen Auslagen kaufen, oder sie kaufen in der stillen Zeit die gesamten Rohmaterialien und bieten die in der Werkstätte hergestellten Schuhe dem Händler zum Kauf an, wobei die Preise oft furchtbar gedrückt werden. Falls es ihnen nicht gelingt, ihre Ware loszuwerden, sind sie am Schluß der Woche nicht imstande, den Gesellen den schuldigen Lohn zu zahlen, da der geringe Verdienst ein Vorsorgen unmöglich macht. Bei diesen Zwischenmeistern findet bisweilen auch die Ausbildung von Lehrlingen statt, die drei Jahre in Anspruch nimmt. Während dieser Zeit wird vom Meister freie Kost und Logis gewährt, doch muß das Einschreibegeld in Höhe von Mk. 12.00 von den Eltern des Lernenden bezahlt werden. Die Lernenden kommen fast immer aus der Provinz, da in Königsberg großer Mangel an Lehrlingen herrscht. Zum größten Teil machen die Lehrlinge die Lehrzeit in der Provinz durch — Labiau und Tilsit kommen vor allem in Betracht — und kommen dann als Gesellen nach Königsberg. Aus der folgenden Lohnliste, die dem Gewerbegericht anläßlich des diesjährigen Streiks vorgelegt wurde, sind die Löhne des Zwischenmeisters sowie die an den Gesellen gezahlten ersichtlich.

2. Die einzelnen Hausindustrien.

	Arbeitslohn des Meisters aus dem Geschäft:	Arbeitslohn, den die Gesellen vom Meister erhalten:
Krempelstiefel für Herren	Mk. 3.00	Mk. 2.40
Genagelte lange Stiefel	„ 3.00	„ 2.50
Kurze Schäftstiefel	„ 1.80	„ 1.35
Große Knabenstiefel mit Spannnaht	„ 1.80	„ 1.50
Ohne Spannnaht	„ 1.60	„ 1.30
Knabenstulpstiefel	„ 1.50	„ 1.20
Damenrandschuhe	„ 2.20	„ 1.80
Genagelte Damenschuhe	„ 1.50	„ 1.20
Kinderschuhe	„ 0.90	„ 0.70
Herrensohlen genagelt	„ 0.90	„ 0.75
Herrensohlen genäht	„ 1.10	„ 0.90
Umgewandte Zeugschuhe	„ 1.00	„ 0.80

Danach beträgt der Zwischenmeisterverdienst durchschnittlich 20%, wovon die baren Auslagen mit 6—9% (pro Paar Stiefel Mk. 0.15) in Abzug zu bringen sind, außerdem Werkstattmiete, Versicherungsbeiträge, Beleuchtung usw. Da Meister wie Geselle in der Woche durchschnittlich höchstens 6 Paar Stiefel anfertigen, ist der Verdienst beider ein äußerst kümmerlicher; eine Nebeneinnahme erwächst dem Meister aus der Beköstigung der Gesellen, für die Mk. 7.00 pro Woche gezahlt werden muß. Logis, das vom Meister in der überfüllten Arbeitsstube gewährt wird, wird mit Mk. 4.00 monatlich berechnet. Für Kleidung und Nebenausgaben bleiben danach dem Gesellen im günstigsten Fall Mk. 1.00 wöchentlich. Unter diesen Umständen ist es nicht wunderbar, daß die Gesellen, sowie sie einige Übung erlangt haben, sich entweder selbst Arbeit aus dem Geschäft holen oder nach Mitteldeutschland gehen, um in Schuhwaren= oder anderen Fabriken Beschäftigung zu finden.

Die Lage der allein arbeitenden Heimarbeiter ist verschieden, jenachdem sie für kleine Geschäfte und Bazare der zweiten Lohnklasse oder für gute Maßgeschäfte arbeiten. Die Arbeitgeber der zweiten Lohnklasse sind zum großen Teil Innungsmeister, die selbst mit pekuniären Sorgen zu kämpfen haben und die Löhne aufs äußerste zu drücken suchen. Sie klagen über die Konkurrenz der Bazare, für die sie selbst als Hausindustrielle tätig sind, und die überdies oft höhere Verkaufspreise erzielen als sie selbst.

Nach den genauen Aufzeichnungen eines Gesellen, der für ein Geschäft mittlerer Güte arbeitete, betrug der Verdienst desselben aus Heimarbeit vom 1. Januar bis 1. Oktober Mk. 444.00, aus Kundenarbeit Mk. 114.55.

Von erster Summe sind laut Buchung für Auslagen in Abzug zu bringen Mk. 18.75. Danach dürfte der Jahresverdienst aus Heimarbeit Mk. 510.00. der Gesamtverdienst Mk. 650.00 betragen. In den zur ersten Lohnklasse gehörenden Geschäften steigt der Wochenverdienst des Heimarbeiters auf Mk. 18—20, so daß sich der Jahresverdienst in der Schuhmacherei auf Mk. 450—1000 schätzen läßt bei einer Arbeitszeit von 14—16 Stunden täglich. Durch den vorerwähnten Streik sind die Löhne der zur Lohnklasse I gehörigen Arbeiter um 10—40% erhöht und durch Tarife gebunden. Dieser Tarif gilt auch für Werkstattarbeiter mit einem 10%igen Abzug.

Berücksichtigt man, daß bei den Schuhmachern Erkrankungen des Darms und Magens durch Drücken des Leistens gegen die Magengrube oft vorkommen, so muß die Lage dieser Verlagsarbeiter als sehr elend angesehen werden. Diese Ansicht wurde auch durch Besuche bei den Arbeitern bestätigt. Leider ist in der Schuhmacherei auch von einer starken Organisation keine Hilfe zu erwarten, da hier der Handarbeit durch die Fabrikarbeit zu scharfe Konkurrenz erwächst.

d) Die Tischlerei.

Die hausindustrielle Tischlerei, in der ca. 65 Meister und 200 Gesellen tätig sind, verdient trotz ihrer geringen Verbreitung Interesse wegen der Verschiedenartigkeit der Formen, die dieselbe aufweist. Neben dem in eigener Werkstätte mit motorischem Betrieb und zahlreichen Gesellen im Auftrage des Händlers arbeitenden Meister findet sich der allein arbeitende Geselle, der vom Händler die Mittel zur Anschaffung der notwendigsten Werkzeuge erhalten hat, oder der Geselle, der, zufällig arbeitslos, die Zeit der Stellenlosigkeit benutzt, um einige ganz einfache Gegenstände wie Küchenschränke, Küchentische oder dergleichen anzufertigen, und diese, von Magazin zu Magazin ziehend, dem Händler zum Kauf anzubieten. Die Lage der letzteren ist eine sehr elende, da die Einnahmen von dem zufälligen Verkauf ihrer Waren abhängen. Nicht viel besser stehen die Gesellen, denen der Händler das Geld zur Beschaffung der Werkzeuge gegeben hat. Die verauslagte Summe wird bei der Lieferung der Gegenstände abgezogen, wobei die Hausindustriellen klagen, daß eine Kontrolle über die eingehaltenen Prozente fehlt, da beliebige Abzüge seitens des Händlers durch Mängel der Arbeit gerechtfertigt werden. Die von Hausindustriellen beschäftigten Gesellen erhalten einen Arbeitslohn von Mk. 0.40—0.45 pro Stunde bei einer zehnstündigen Arbeitszeit. Viele von ihnen stehen bei reichlicher Gelegenheit zu Überarbeit besser als der kleine selbständige Hausindustrielle. Die Unkosten desselben sind wegen der großen Werkstätte und der Werkzeuge an sich groß, sie werden dadurch noch erhöht, daß der Hausindustrielle Holz sowie Beschläge nur in kleinen Quantitäten kaufen kann, wodurch eine bedeutende Mehrausgabe veranlaßt wird. Auch hier reicht der Verdienst nur gerade aus, um die nötigen Materialien anzuschaffen, ohne daß zum Schluß der Woche das zur Lohnzahlung nötige Geld übrig geblieben ist. Die Preise für die Produkte werden, soweit es sich um ganz einfache Muster handelt, vom Händler bestimmt, wobei die Abzahlungsgeschäfte im Verhältnis zu den geringen Ansprüchen an die Qualität der Arbeit und des Materials die höchsten Preise bezahlen. Bei schwierigeren selteneren Stücken wird die Preisvereinbarung nach vorheriger Schätzung des Hausindustriellen getroffen. Sind an den Gegenständen Drechslerarbeiten, so liefert der Tischler dem hausindustriellen Drechsler die vierkantig bearbeiteten Stücke Holz. Der Verdienst dieser Drechsler ist etwas geringer als der der Tischler. Trotzdem hier wie dort eine Lehrzeit von 4 Jahren zu absolvieren ist, beträgt der Stundenlohn des Drechslergesellen nur Mk. 0.35—0.40 Die Drechsler klagen über die Konkurrenz der Eisengeschäfte, die gedrechselte Beine und andere Halbfabrikate billig führen und dadurch die Preise drücken.

Da die meisten Tischlerwaren aus Fabriken bezogen werden, haben die hausindustrielle Tischlerei und die davon abhängigen Berufe der Drechslerei und Bildhauerei hier nur eine geringe Bedeutung.

e) Die Wäschekonfektion.

In der Wäschebranche werden am Ort sämtliche Artikel der Damenwäsche sowie ungestärkte Herrenwäsche hergestellt. Die Anfertigung gestärkter Wäsche kommt fast gar nicht in Betracht. Während die Geschäfte mittleren und guten Genres Lagerarbeit und bestellte Sachen anfertigen lassen, beschäftigen vier Engrosfirmen je 100—200 Arbeiterkräfte mit der Herstellung von Artikeln der Arbeiterbekleidung. Eine dieser Firmen hat seit einem halben Jahre sämtliche Arbeiterkräfte bei der hiesigen Ortskrankenkasse angemeldet. Es darf daraus wohl mit Recht geschlossen werden, daß sich hier ein fester Arbeitsstamm herausgebildet hat. Es konnte auch im Lauf der Untersuchung oft konstatiert werden, daß ein Arbeitsverhältnis von 10—20 Jahren vorlag. In anderen Fällen hatten die Arbeiterinnen oft die Arbeitgeber gewechselt, so hatte eine Arbeiterin einmal in dreiviertel Jahren für 5 Firmen nacheinander oder gleichzeitig gearbeitet. Veranlassung zu diesem Wechsel ist oft die ungenügende Beschäftigung und die Hoffnung auf Ausgleich der Arbeit durch die Tätigkeit für mehrere Verleger. Wieviel die gleichmäßige Verteilung der

Beschäftigung von der die Arbeit ausgebenden Direktrice abhängig ist, geht daraus hervor, daß in einem der größten hiesigen Geschäfte der Wechsel in dieser Stellung die Arbeitsgelegenheit der Heimarbeiterinnen ganz verändert hat. Während die Arbeit für Lager bisher in der stillen Zeit angefertigt wurde, wird dieselbe jetzt in der Saison hergestellt, so daß in der stillen Zeit fast völlige Beschäftigungslosigkeit herrscht. Was die Löhne anbetrifft, so sind dieselben in den Engrosgeschäften sehr niedrig. Eine der Firmen läßt bei der Lohnzahlung eine 4%ige Vergütung auf den zu zahlenden Verdienst eintreten. Der an sich niedrige Lohn wird etwas dadurch ausgeglichen, daß Schwankungen der Saison hier in viel geringerem Maß vorhanden sind, daß zwar eine gute Zeit mit großer Nachfrage nach Arbeit, aber nie eine arbeitslose Zeit vorkommt. Das ist wohl eine Ursache, daß gerade für diese Betriebe eine große Anzahl Witwen tätig ist, die durch ihre Arbeit den Unterhalt für die Familie erwerben müssen. Über die Arbeitszeit lassen sich bestimmte Angaben nicht machen. Arbeitszeiten von 6—8 Stuben wechseln mit solchen von 18 bis 20 Stunden, ja ununterbrochener Tag= und Nachtarbeit ab, jenachdem die Arbeit eilig geliefert werden muß, und die Familie auf den Unterhalt aus der Arbeit angewiesen ist. Auch kommt es vor, daß der Unternehmer am Abend einen Stoffballen zu der Arbeiterin schickt mit der Weisung, am folgenden Morgen die Arbeit fertig zu liefern. Häufig erfolgte die Aussage, daß bereits die dritte Nacht in der betreffenden Woche durch= gearbeitet worden sei. Darunter hat bei Ehefrauen und Müttern die Wirtschaft in ungeheurem Maß zu leiden. Die Wohnung ist morgens nicht gesäubert, die Frau sitzt ungewaschen an der Maschine, Mann und Kinder müssen für sich selbst sorgen. Dementsprechend ist nach Aussage der Frauen selbst die Ernährung eine schlechtere und viel teurere, als wenn die Frau der Wirtschaft vorstehen kann. Wenn nicht arbeitsunfähige An= gehörige für die Ordnung im Hauswesen sorgen, bleibt es daher fraglich, wieweit die Arbeit einen Vorteil gegenüber der dadurch veranlaßten Ver= nachlässigung bringt.

Das Liefern nimmt meist einen Vormittag in Anspruch, ebenso die Lohnzahlung. In groben Stoffen sind die Warenballen zu schwer, um von der Arbeiterin getragen zu werden, dann muß die elektrische Bahn benutzt werden, wobei Mk. 0.10 für Fahrgeld zu zahlen sind.

Ein Ausruhen von der Arbeit an Sonntagen oder ein Benutzen der freien Zeit zur Erholung und zu Spaziergängen ist diesen Arbeiterinnen völlig fremd. Wenn Sonntag keine eilige Arbeit vorliegt, wird derselbe dazu benutzt, um die Wohnung, die Wirtschaft, die Kinder gründlich zu

2. Die einzelnen Hausindustrien.

reinigen, Wäsche zu waschen oder dergl. Dementsprechend ist der geistige Tiefstand der Arbeiterinnen ein ganz auffallender. Das einzige Interesse ist das Fertigstellen der Arbeit zum Liefertermin. Bei manchen Frauen zeigte sich bei der Rücksprache eine tiefe Erregung wegen des geringen Verdienstes trotz angestrengter Arbeit, was aber stets als unabänderlich angesehen wurde. Die Arbeit wird von dem Unternehmer vergeben, ohne von der Arbeiterin irgend welche Vorkenntnisse oder das Vorzeigen eines Probestückes zu verlangen, weshalb es nicht selten vorkommt, daß die ersten Stücke total verschnitten und unbrauchbar abgeliefert werden. Weil keine Arbeitskraft für die Arbeit zu geringwertig ist, findet hier ein beständiges Überangebot an Arbeiterinnen, ein Unterbieten der Löhne statt. Denn den sich Meldenden entstehen keine Unkosten durch das Angebot, da die Maschine auf Abzahlung genommen wird. Selbst langjährige Näherinnen sind in diesen Betrieben in steter Furcht, unterboten und entlassen zu werden. Einheitliche Angaben über den Verdienst dieser Arbeiterinnen lassen sich kaum zusammenstellen. Die Intensität der Arbeit, der Grad der Leistungsfähigkeit wird nicht nur durch die Geschicklichkeit und die physische Arbeitskraft beeinflußt, sondern es kommt hierbei meist die Arbeitskraft der Ehefrauen, die in ihrer Zeit beschränkt sind, in Betracht, sowie die der innerhalb der Familie zur Verfügung stehenden Hilfskräfte. Ich lasse einige Angaben von Arbeiterinnen für Männerwäsche folgen.

Neben den aus den Lohnbüchern ermittelten Angaben ist, soweit dieselben nicht ein Jahr zurückreichten, der daraus berechnete Jahresverdienst angegeben. Dieser Schluß scheint nicht ganz unberechtigt zu sein, da in sechs Monaten ein Bild von dem Wechsel von Saison und stiller Zeit gegeben ist, das sich auf das Jahr übertragen läßt. Überdies stimmen auch die Verdienste einer Arbeiterin aus mehreren Jahren nicht immer überein, wie mehrfach festgestellt werden konnte.

Wieviel Stunden bei den folgenden Angaben auf den Verdienst verwandt sind, läßt sich nicht genau bestimmen. Die Arbeitszeit hängt von der empfangenen Arbeit ab. Der durchschnittliche Stundenverdienst dieser Arbeiterinnen beträgt brutto Mk. 0.08—0.10.

Frau E. arbeitet Männerwäsche das Dutzend Mk. 1.20. Ihr Mann ist Böttcher, sie hat zwei Kinder, von denen das 12jährige Mädchen der Mutter hilft.

April	. . Mk. 7.60	Juli	. . . Mk. 5.42
Mai	. . . „ 7.70	August	. . „ 22.57
Juni	. . . „ 7.26	September	. „ 15.15
	Mk. 22.56		Mk. 43.14

II. Spezieller Teil.

Transport Mk.	22.56		Mk. 43.14
Oktober .. „	13.20	Januar .. „	2.20
November . „	4.49	Februar .. „	10.47
Dezember .. „	15.25	März ... „	8.73
	Mk. 32.94		Mk. 21.40

Jahresverdienst Mk. 120.04.

Frau B. arbeitet Männerhemden und Schlosserjacken. Ihr Mann ist Getreideträger und verdient durchschnittlich Mk. 3.00 pro Tag. Von den zwei Kindern hilft die Tochter.

Mai ... Mk.	12.49	August .. Mk.	20.50
Juni . . „	13.75	September „	13.75
Juli ... „	21.40	Oktober .. „	15.50
	Mk. 47.64		Mk. 49.75
November . . Mk.	9.45	Februar .. Mk.	9.45
Dezember .. „	7.33	März ... „	13.50
Januar ... „	7.33	April ... „	10.80
	Mk. 24.11		Mk. 33.75

Jahresverdienst Mk. 155.25.

Nachstehende Nähterinnen arbeiten alle Arbeiterwäsche.

Frau W., deren Mann Faktor ist und Mk. 16.00—18.00 verdient, hat drei Kinder, von denen eins beim Nähen hilft. — Ein Kabinett ist an einen Schlafsteller für Mk. 4.00 monatlich vermietet. Wohnungsmiete Mk. 228.00.

Juni ... Mk.	10.96	September . Mk.	20.50
Juli ... „	15.40	Oktober .. „	19.97
August .. „	23.70	November .. „	15.30
	Mk. 50.06		Mk. 55.77

Jahresverdienst ca. Mk. 211.66.

Frau St. Ihr Mann ist Arbeiter. Sie hat zwei Kinder, von denen eins bei den Eltern ist. Sie verdiente in 26 Wochen M. 91.83.

Jahresverdienst ca. M. 183.00.

Nähterin K. mit einem Kind hat ein Zimmer für Mk. 5.00 monatlich abgemietet. Sie ist sehr schwächlich, weil schlecht ernährt. Ihr Verdienst betrug im Jahre Mk. 134.00.

2. Die einzelnen Hausindustrien.

Frau G., Witwe mit fünf Kindern. Zwei Töchter verdienen Mk. 5.00—7.00 wöchentlich in der Erbsenschälmühle. Sie helfen der Mutter in der Mittagspause und abends. Sie verdiente vom 20. April bis zum 3. Oktober Mk. 208.21. Im Jahre ca. Mk. 430.00.

Frau B. Ihr Mann ist Buchbinder mit einem wöchentlichen Verdienst von Mk. 20.00.

April	. . . Mk. 13.90	Juli . . .	Mk. 12.20
Mai	. . . „ 18.35	August . .	„ 14.20
Juni	. . . „ 19.45	September .	„ 11.70
	Mk. 51.70		Mk. 38.10

Jahresverdienst ca. Mk. 179.60.

Frau B. Ihr Mann ist Schlosser, verdient wöchentlich Mk. 17.00.

Februar	. . Mk. 6.30	Mai . . .	Mk. 11.25
März	. . . „ 14.25	Juni . . .	„ 10.40
April	. . . „ 10.53	Juli . . .	„ 8.20
	Mk. 31.08		Mk. 29.85

Jahresverdienst ca. Mk. 121.86.

Frau R.:

September	. Mk. 24.10	Dezember .	. Mk. 8.00
Oktober	. . „ 13.15	Januar . .	„ 5.78
November	. . „ 4.49	Februar . .	„ 16.69
	Mk. 41.74		Mk. 30.47

März	. . . Mk. —.—	Juni . . .	Mk. 14.52
April	. . . „ 7.06	Juli . . .	„ 8.15
Mai	. . . „ 7.05	August . .	„ 28.65
	Mk. 14.11		M. 51.32

Jahresverdienst Mk. 137.64.

Frau G. Mann Bahnarbeiter, der durchschnittlich Mk. 2.40 täglich verdient. Ihr Jahresverdienst betrug Mk. 165.00

Die folgenden Angaben beziehen sich auf Nätherinnen, die Flanellfrauenhosen mit geschürzter Zacke arbeiten. Sie erhalten pro Dutzend Mk. 3.00—3.60. Die Wolle zum Schürzen, welche die Arbeiterinnen selbst kaufen müssen, kostet Mk. 0.60 pro Dutzend. In anderen Geschäften, in denen die Wolle geliefert wird, wird das Dutzend mit Mk. 2.70—3.00 bezahlt.

Frau K. Ihr Mann ist Faktor und verdient Mk. 16.00—18.00 wöchentlich. Er schneidet morgens die Hosen zu. Eine Tochter von 12 Jahren hilft Zacken schürzen. Der Sohn von 13 Jahren zeichnet und zieht die Zacken vor, ein Sohn von 12 Jahren schneidet die Zacken aus. Der Verdienst der Familie durch Heimarbeit betrug jährlich ca. Mk. 500.00.

Frau K. arbeitet mit einer Schwester, in der stillen Zeit nähen sie Hemden. Ihr Verdienst in der Saison beträgt Mk. 8.00—10.00 wöchentlich, in der stillen Zeit Mk. 4.00—5.00.

Frau S. Ihr Mann ist Schmied und verdient Mk. 24.00 die Woche. Sie hat drei Kinder, von denen zwei erwachsen sind.

September	. Mk. 17.60	Dezember .	. Mk. 28.20
Oktober . .	„ 34.55	Januar . .	„ 4.60
November . .	„ 32.70	Februar . .	„ 16.60
	Mk. 84.85		Mk. 39.40

In der übrigen Zeit wird diese Arbeit nicht ausgegeben.

Chemisettarbeiterinnen, die in der stillen Zeit Schürzen arbeiten, erreichen bei Mithilfe eines Familienangehörigen einen Verdienst von Mk. 20.00—25.00 monatlich.

Aus obigen Angaben scheint hervorzugehen, daß der Verdienst einer allein arbeitenden Näherin in diesen Engrosgeschäften Mk. 125.00—180.00 beträgt. Ein Verdienst von Mk. 200.00 und darüber wurde nur durch Mithilfe von Familienangehörigen erreicht.

Es folgen Angaben aus Detailgeschäften. In denselben werden die Hemden, die von Engrosfirmen pro Dutzend mit Mk. 1.20 bezahlt werden, mit Mk. 1.80 entlohnt. Dafür wird die Arbeit etwas sorgfältiger verlangt, sie muß geplättet werden, und jedes Hemd hat ein Knopfloch mehr.

Der Jahresverdienst einer solchen Näherin beträgt Mk. 200.00—250.00.

Wäschearbeiterinnen mittleren und besseren Genres, welche gelernte Arbeit liefern, erreichen folgenden Verdienst:

Frau D. Ihr Mann ist Schaffner. Sie näht Damenhemden pro Dutzend Mk. 2.25—4.80. Handtüchersäumen wird mit Mk. 0.25 pro Dutzend bezahlt.

Dezember .	. Mk. 25.90	März . .	. Mk. 15.00
Januar . .	„ 18.75	April . . .	„ 13.50
Februar . .	„ 9.00	Mai . . .	„ 13.50
	Mk. 53.65		Mk. 42.00
Juni . .	. Mk. 12.25	September	. Mk. 27.00
Juli . .	„ 6.00	Oktober . .	„ 15.80
August . .	„ 27.00		
	Mk. 45.25		Mk. 42.30

Jahresverdienst Mk. 183.20.

2. Die einzelnen Hausindustrien.

Zwei Schwestern Sch. arbeiten für mehrere Geschäfte, morgens von 6—7 bis abends 8—10 Uhr.

Mai . . .	Mk. 32.20	August . .	Mk. 59.55
Juni . . .	„ 36.70	September .	„ 37.70
Juli . . .	„ 50.90	Oktober . .	„ 37.80
	Mk. 119.80		Mk. 135.05

Jahresverdienst Mk. 509.70.

Seit Oktober arbeiten sie noch für ein Geschäft, wobei sie wöchentlich Mk. 10.00 verdienen.

Nähterin K. ernährt ihre Eltern, die krank und arbeitsunfähig sind. Sie arbeitet mit ihrer Nichte zusammen und verdient im Jahre Mk. 680.00.

Frau O. Witwe mit zwei Kindern. Eine Tochter von 10 Jahren macht Knopflöcher und erhält für 2 Löcher 1 Pfg. Sie verdient damit wöchentlich Mk. 0.40—0.50, die gespart werden. Der Jahresverdienst der Mutter betrug ca. Mk. 510.00.

Frau A. Ihr Mann ist fast erblindet und bekommt Mk. 12.00 Invalidengeld. Er hält die Wohnung und Wirtschaft in Ordnung. Sie leben mit den Eltern, die Mk. 10.00 wöchentlich geben. Die Mutter hilft bei der Arbeit. Die Miete beträgt Mk. 252.00.

September .	Mk. 65.70	Dezember .	Mk. 62.10
Oktober . .	„ 53.70	Januar . .	„ 27.65
November . .	„ 53.40	Februar . .	„ 43.75
	Mk. 172.80		Mk. 133.50
März . . .	Mk. 47.70	Juni . . .	Mk. 57.80
April . . .	„ 63.25	Juli . . .	„ 49.35
Mai . . .	„ 36.50	August . .	„ 64.30
	Mk. 147.45		Mk. 171.45

Jahresverdienst Mk. 625.20.

Der Verdienst der Schürzenarbeiterinnen beträgt in 3 Fällen Mk. 240.00, 270.00, 290.00. Eine Frau, die für ein Geschäft und für eine Handelsfrau arbeitete, erhielt von letzterer um 10—20% höhere Löhne als vom Geschäft. Sie verdiente vom Geschäft aus jährlich Mk. 41.40, durch die Handelsfrau Mk. 381.00.

Frau M. Witwe mit sechs Kindern. Zwei Söhne, die bei ihr wohnen, geben Mk. 40.00 bzw. Mk. 30.00 monatlich. Drei erwachsene Töchter helfen bei der Arbeit. Ein Sohn von 18 Jahren ist durch Vermittlung der Lehrer im Realgymnasium aufgenommen. Er gibt Nachhilfestunden gegen Mk. 0.75 pro Stunde. Wohnung, bestehend aus 3 Zimmern, Küche, Entree, kostet Mk. 312.00. Der wöchentliche Verbrauch beträgt Mk. 25.00. Der Jahresverdienst beträgt Mk. 1065.00.

f) Die Maschinenstrickerei.

Die hausindustrielle Maschinenstrickerei beschränkt sich in Königsberg ausschließlich auf die Herstellung und Reparatur einfacher Trikotagen und Strümpfe. Alle anderen Artikel, die eine größere Geschicklichkeit in der Ausführung beanspruchen, sowie alle billigen Strumpffabrikate werden von auswärts bezogen, teils weil die Ausführung eine sorgfältigere ist, teils weil die Löhne auswärts niedriger, und die Waren somit billiger sind. Es gibt in Königsberg drei Maschinenstrickereien mit eigenen Werkstätten, in welchen ca. 25 Mädchen in Akkord oder gegen monatliche Bezahlung beschäftigt werden. Die dem Unternehmer gehörigen Maschinen gestatten eine größere Arbeitsteilung als sie in Heimarbeit möglich ist, da sie den einzelnen Teiloperationen angepaßt sind. So geschieht das Zusammen=nähen der Längen sowie das Spulen mit maschinellem Betrieb, wodurch die Verdienstmöglichkeiten der Werkstattarbeiterinnen gegenüber der der Heimarbeiterinnen günstiger sind. Der Verdienst der auf Akkord be=schäftigen Arbeiterinnen schwankt zwischen Mk. 15.00—60.00 monatlich, je nach der Geschicklichkeit, wobei als Durchschnittsverdienst für eine jüngere Strickerin Mk. 30.00, für eine geübtere Mk. 40.00—45.00 gerechnet wird. Die Akkordsätze dieser Werkstattarbeiterinnen sind um 10—15% geringer als die den Hausindustriellen bewilligten. Die in Zeitlohn beschäftigten Arbeiterinnen erhalten monatlich Mk. 20.00—30.00. Außer den Werkstatt=arbeiterinnen beschäftigen diese Unternehmer und auch eine Anzahl anderer Kaufleute Heimarbeiterinnen. Während die ersteren für Lager arbeiten lassen und für den Engrosversand, kommen bei den letzteren fast nur Aufträge von Konsumenten bezw. Lagerarbeit in Betracht.

In der hausindustriellen Maschinenstrickerei kommen fast ausschließlich weibliche Arbeitskräfte zur Verwendung, und zwar wird ihre Zahl nach Angabe eines Unternehmers auf ca. 100, nach Angabe einer Strickerin auf ca. 40 geschätzt. Die Differenz in dieser Berechnung beruht wohl darauf, daß eine Anzahl Einzelbetriebe bei der einen Zählung nicht mit=gerechnet ist. Von 40 Hausindustriellen beschäftigen

    7 an 5 Maschinen 3 Strickerinnen
    6 „ 4 „ 3   „
    8 „ 3 „ 1—2 „
   12 „ 2 „ 1 oder keine.

2. Die einzelnen Hausindustrien.

Die Maschinen sind Eigentum der Hausindustriellen, sie kosten Mk. 400.00 bei einer monatlichen Abzahlung von Mk. 15.00. Die Maschinen nutzen sich schnell ab und verlangen hohe Reparaturkosten. Trotzdem sind in einem Betrieb mehrere Maschinen notwendig, da die Arbeiten, je nach der Stärke des Garns oder der Wolle auf verschiedenen Maschinen ausgeführt werden müssen. Dadurch kommt es immer vor, daß nicht alle vorhandenen Maschinen zu gleicher Zeit benutzt werden können, eine unproduktive Kapitalanlage, die den Hausindustriellen nicht zum Bewußtsein kommt. Die zur Arbeit nötige Baumwolle und Wolle wird nach Gewicht von dem Geschäft geliefert. Das Geschäft übt eine Kontrolle über das gebrauchte Material durch das Zurückwiegen der fertigen Ware aus. Hierbei sollen bisweilen die Arbeiterinnen die gestrickten Wollwaren vor dem Abliefern einen Tag in einen feuchten Keller legen, um dadurch das Gewicht zu erhöhen. Diese Veruntreuung soll jedoch nur in denjenigen Geschäften vorkommen, in denen das Material sehr knapp geliefert wird, und die Löhne sehr niedrig sind.

Das Lernen der Maschinenstrickerei beansprucht 4—6 Wochen, während welcher Zeit die Lernende Mk. 3.00 monatlich erhält. Das Lernen beginnt für die Mädchen bald nach dem Verlassen der Schule. Nach dem Auslernen bekommen sie einen Monatslohn, der in manchen Strickereien 18, in manchen Strickereien Mk. 32.00 beträgt. Die Arbeit ist anstrengend wegen des Bewegens der Maschinen und erfordert Geschicklichkeit. Wohl aus diesem Grunde und wegen des geringen Verdienstes ist Mangel an Lehrmädchen vorhanden, wie auch von den Unternehmern über die geringe Zahl gut arbeitender, zuverlässiger Strickerinnen geklagt wird. Außer den Lehrmädchen finden schulpflichtige Kinder Verwendung zum Spulen und Vernähen der Nähte. Hier ist eine Beschäftigungszeit von 6 Stunden, nachmittags 2—8 Uhr, üblich. Der Entgelt schwankt zwischen Mk. 3.00 bis 4.00 monatlich, wobei es gebräuchlich ist, daß die Kinder nachmittags Kaffee und Brot bekommen.

Die Stücklöhne der Hausindustriellen sind in den verschiedenen Geschäften abweichend. So wird für das Anstricken von Strümpfen Mk. 0.10 bis 0.20 pro Paar bezahlt, für Damenstrümpfe das Dutzend Mk. 3.00—3.40, Damenwesten das Stück Mk. 0.70—1.00. Der Verdienst einer geübten Strickerin gestaltet sich bei elfstündiger Arbeitszeit wie folgt: Es werden täglich 10—12 Paar Strümpfe angestrickt, Bruttoverdienst Mk. 1.50—2.00. Oder 8 Paar Strümpfe, Dutzend Mk. 3.00, Verdienst Mk. 2.00 oder 2 Dutzend Schals à Mk. 1.20. Nach den Arbeitsbüchern einer

Strickerin, die mit zwei Mädchen für zwei Geschäfte arbeitet, betrug der Verdienst:

Dezember	Mk.	84.80
Januar	„	84.93
Februar	„	113.10
März	„	97.88
April	„	126.85
Mai	„	120.28
Juni	„	113.51 = Mk. 741.35

Davon sind in Abrechnung zu bringen:

Lohn der Strickerinnen, die Mk. 18.00 und 22.00 bekommen	Mk.	280.00
Versicherungsbeiträge	„	12.12
Öl und Paraffin	„	42.00
Nadeln	„	62.00
Amortisation der Maschinen[1])	„	120.00 = Mk. 516.12

Es bleiben: Mk. 225.23.

Diese Summe entspricht dem Verdienst einer selbständigen Hausindustriellen in 7 Monaten, doch konnten einige Nebenabgaben wegen der schwankenden Angaben nicht in Anrechnung gebracht werden. So wird für das Annähen des Fußes an die Beinlänge bei gewebten Strümpfen Mk. 0.10 pro Paar bezahlt. Das Spulen der Wolle geschah durch eine alte Mutter. Erhöht werden die Einnahmen fast immer durch Arbeit für Private, wobei die Strickerinnen an dem gelieferten Material, das sie zu Engrospreisen aus dem Geschäft beziehen, einen geringen Verdienst haben.

Frau P arbeitet mit drei Strickerinnen. Sie besitzt 7 Maschinen. Ihren Mädchen, die bereits zehn Jahre bei ihr sind, gibt sie einen Monatslohn von Mk. 26.00—32.00. Sie führt für jede der Arbeiterinnen ein Lohnbuch über die für das Geschäft und für Private im Akkord gelieferten Waren. Danach betrug der Verdienst der Arbeiterinnen in 6 Monaten

---

1) Die Berechnung über Amortisation, Verbrauch von Nadeln, Öl, Paraffin sind nach den Angaben eines hiesigen Werkmeisters, der lange Zeit in Thüringen als Hausindustrieller tätig war, vorgenommen.

Mk. 238.00 bezw. Mk. 240.00. Der durchschnittliche Jahresverdienst der 4 Strickerinnen also   Mk. 1900.00

Davon gehen ab:

Arbeitslohn der 3 Strickerinnen Mk. 1080.00
Maschinenamortisation . . . „ 222.50
Nadeln, Öl, Paraffin . . . „ 294.00
Arbeitslohn der mith. Kinder . „ 240.00
Kohlen, Petroleum usw. . . „ 85.00
Versicherungsbeiträge . . . . „ 45.75 = Mk. 1967.25

Demnach hat sie als Zwischenmeisterin trotz angestrengter Arbeit ein Defizit von Mk. 67.25, das durch die Materiallieferung bei Privatarbeiten ausgeglichen wird.

Die Arbeitsbedingungen der für die Hausindustriellen tätigen Heimarbeiterinnen, die die Strümpfe zusammennähen, sind bei weitem schlechtere. Das Zusammennähen, das mit Mk. 0.10 pro Paar bezahlt wird, nimmt zwei Stunden in Anspruch, so daß der Stundenverdienst Mk. 0.05 beträgt. Meist werden gleichzeitig für Geschäfte Reparaturen angefertigt. Die Arbeiterinnen setzen die mit der Maschine gestrickten Flicken in Hosen, Röcke, Strümpfe ein, wofür sie selbst die Preise bestimmen, die aber bei der Abrechnung bisweilen bis auf die Hälfte herabgedrückt werden. Werden eilige Reparaturen ins Haus geschickt, so dehnt sich die Arbeitszeit bis 2 Uhr nachts aus. Der Maximalverdienst am Tage beträgt Mk. 0.60. Die Strickerinnen rekrutieren sich meist aus Arbeiterkreisen.

g) Die Anfertigung von Schirmen.

Die Heimarbeit in der Schirmindustrie in Königsberg datiert seit dem Jahre 1848; die damals gegründete Firma besteht heute noch und soll die zweitgrößte in ganz Deutschland sein. Außer dieser kommt nur noch eine Schirmfabrik in Frage. Die Schirmindustrie gehört zu den wenigen in Königsberg, die nicht nur für den lokalen Bedarf und die Provinz arbeiten. Die größere der beiden Firmen versorgt außer ganz Deutschland einen Teil Hollands, während die zweite, besonders in früheren Jahren viel nach Rußland exportierte. Seit der Einführung des Zolltarifs vom 1. März 1906 hat der Versand baumwollener Sonnenschirme, der früher nicht unbedeutend war, wegen des hohen darauf lastenden Zolls vollständig aufgehört. Die Königsberger Arbeit genießt einen besonders guten Ruf, so daß vor einigen Jahren auswärtige Firmen, z. B. Leipziger, Näherinnen veranlaßt haben, in die betreffenden Städte über-

II. Spezieller Teil.

zusiedeln. Beide Firmen klagen über Mangel an Näherinnen, der in der letzten Zeit noch zugenommen hat, da das Geschäft sich gehoben hat, und eine stille Zeit kaum existiert. Beide Unternehmer unterhalten Werkstätten für die Schirmarbeiter, in der Gestelle, die auf Holzstöcke aufgebracht werden, gefertigt werden. Die Eisenstöcke werden aus Mitteldeutschland, so aus Wald bei Solingen, Weyern, Meerscheid bezogen. Die größere der Firmen beschäftigt überdies 5—6 Näherinnen in eigener Werkstätte zur Ausführung eiliger Reparaturen und Anfertigung von Modellschirmen. Diese Werkstattnäherinnen arbeiten an eigenen Maschinen, motorischer Antrieb ist nicht vorhanden. Sie haben sämtliche Auslagen zu liefern. Die Arbeitszeit ist von morgens 8—$^1/_28$ Uhr abends mit zweistündiger Essenszeit. Werden Modellschirme gearbeitet, so erhalten die Näherinnen einen Tageslohn. Bei der Anfertigung von Schirmen sowie bei Reparaturen gelten die Löhne der Heimarbeiterinnen. Die Jahreseinnahmen der Werkstattarbeiterinnen betragen nach Angabe des Unternehmers Mk. 580.00—730.00, doch ist hierbei zu bemerken, daß die Näherinnen mittags und abends eilige Reparaturen nach Hause nehmen, so daß das Mittagessen oft an der Maschine sitzend eingenommen werden muß, und die Nacht teilweise durchgearbeitet wird.

Von beiden Geschäften werden ca. 170 Heimarbeiterinnen beschäftigt. Sie erhalten den Stoff gezeichnet, aber unzugeschnitten. Ihre Arbeit besteht in dem Zuschneiden, Zusammennähen und Aufbringen des Stoffes auf die Gestelle. Die Anfertigung ist je nach der Qualität des Stoffes und der Garnitur der Schirme mühsamer oder leichter.

Zum Einlernen der Arbeit gehören 4 Monate, die bei einer älteren Arbeiterin zugebracht werden. Während der ersten 3 Monate hat die Lernende eine Entschädigung von Mk. 6.00 zu zahlen, der letzte Monat ist frei.

Der Verdienst der Heimarbeiterinnen beträgt nach Angabe des Unternehmers

für eine ungeübte Arbeiterin monatl. Mk. 20—35 pro Std. $7^7/_{10}$—$13^1/_2$ Pfg.
„ „ gute „ „ „ 40—70 „ „ $15^1/_2$—27 „
„ „ sehr gewandte „ „ „ 70—100 „ „ 31 —38 „

Dieser Berechnung ist eine zehnstündige Arbeitszeit bei 26 Arbeitstagen zugrunde gelegt. Jedoch scheinen nach meinen Erhebungen die Angaben zu hoch gegriffen zu sein. Danach beträgt der Verdienst von Frau P. monatlich Mk. 22.40 Sie fertigt halbseidene Regenschirme das

Dutzend zu Mk. 1.80. Sie ist kinderlos, ihr Mann ist Kellner und wohnt meist in einem Vorort.

Zwei Schwestern L. — geübte Arbeiterinnen — verdienten jede monatlich Mk. 33.65. Sie haben eine Wohnung von 2 Zimmern und Küche. Ein Zimmer wird möbliert für Mk. 30.00 monatlich vermietet. Auf Wunsch besorgen sie die Einkäufe für den Mieter und machen dadurch Ersparnisse für ihre Wirtschaft.

Frau R. Witwe mit drei Kindern im Alter von 10, 9 und 7 Jahren. Die beiden ältesten helfen der Mutter in der schulfreien Zeit. Sie verdienen Mk. 37.00 im Monat.

Nähterin B. arbeitet mit einer verwitweten Schwester und ihrer 15jährigen Tochter. Eine Nichte von 8 Jahren fädelt Nadeln ein und näht Stäbe an. Der Jahresverdienst beträgt Mk. 898.95.

Zwei geübte Arbeiterinnen, von denen eine mit Hilfe näht, erzielen höhere Einnahmen. Die eine soll jährlich Mk. 1000.00 verdienen.

Die Unkosten sind dabei nicht in Anrechnung gebracht. Das Garn führt der eine der Unternehmer selbst, es wird selten aus dem Geschäft bezogen, weil es pro Rolle Mk. 0.04 teurer ist als in Warenhäusern.

Die Ablieferung der Arbeit nimmt in dem größeren der beiden Geschäfte ca. 2 Stunden in Anspruch.

Die Frauen engagieren dazu bisweilen schulpflichtige Kinder, die ein Entgelt von Mk. 2.00—3.00 pro Monat erhalten.

Die Preisfestsetzung der in jeder Saison neu eingeführten Muster geschieht durch den Unternehmer in Gegenwart der Direktrice, durch Unterhandlung mit den Arbeiterinnen. Letztere wagen nach ihrer Aussage dabei nicht ihre Meinung frei zu äußern, aus Furcht, bei der Arbeitsverteilung von der Direktrice benachteiligt zu werden. Seit Mai d. J. haben beide Firmen einen einheitlichen Lohntarif angenommen. Dadurch sind die Löhne der größeren Firma um 20—25%, die der kleineren um ca. 10% erhöht. Der Lohn der Werkstattarbeiterinnen ist auf Mk. 2.00 täglich festgesetzt. Es besteht seit dieser Zeit ein Arbeiterinnenausschuß zur Festsetzung der Preise für die noch nicht im Tarif aufgenommenen Positionen. Derselbe hat jedoch bisher keine rege Tätigkeit entfaltet, was wohl in der geringen Schulung der Arbeiterinnen in gewerblichen Angelegenheiten, sowie für die Rechte und Pflichten, seinen Grund hat.

h) Das Bernsteinkratzen.

Das Bernsteinwerk in Palmnicken, das früher der Firma Stantien und Becker gehörte, wurde im Jahre 1899 vom Staate übernommen.

Während früher der Bernstein in Palmnicken selbst gewonnen wurde, befindet sich jetzt die Grube „Anna" in dem 15 Minuten entfernt gelegenen Dorfe Kraxtepellen. Hier und in der in Palmnicken befindlichen Wäscherei, der Schmelzfabrik und den anderen Anlagen sind ca. 500 Arbeiter beschäftigt, denen zum Teil in den dem Staate gehörigen Häusern Wohnungen gegen geringe Entschädigung angewiesen werden.

Der Schacht der Grube „Anna", des Fundortes, hat eine Tiefe von 18 Metern. Der Bernstein wird in Klumpen der blauen Erde gefördert und über Tage von dieser dadurch befreit, daß sie in einem Wasserstrom über Siebe getrieben wird. Dabei fallen die schweren erdigen Teile durch die Löcher der Siebe, während der leichte Bernstein, dessen spezifisches Gewicht 1 ist, in dem Wasser schwimmend zurückbleibt. Dieses Verfahren wird in der gleichen Weise fortgesetzt, wobei die immer feiner werdenden Siebe den Stein völlig von der Erde befreien. Es bleiben zwischen dem Stein nur noch die fossilen Bestandteile, wie Stroh und Holzstücke, die durch Auslesen mit der Hand entfernt werden. Der kleinste Stein wird in der Palmnicker Schmelzfabrik zu Bernsteinlack verarbeitet. Die sich bei dem Erhitzen auf 325—400° entwickelnden Dämpfe ergeben durch Abkühlen die Bernsteinsäure und das Bernsteinöl. Die größten Stücke, die eine nicht unbedeutende Größe erreichen, liefern das Material zu den Bernsteinschnitzereien, während die Mittelsorte durch Pressen zu Kunstbernstein verarbeitet wird. Zu diesem Zwecke muß der Stein nach Farbe und Sorte ausgesucht und von der Rinde befreit werden. Diese Arbeit wird von Frauen besorgt und geschieht nur zum Teil in Palmnicken, zum Teil in Königsberg, wo sich die Kunststeinfabrik befindet. Hier geschieht das Sortieren in der Werkstatt der Niederlage. Die Arbeitszeit hier ist von 7 Uhr morgens bis 7 Uhr abends mit zweistündiger Essenspause. Der Lohn, der beim Eintritt Mk. 0.70 pro Tag beträgt, steigt mit dem Alter und erreicht eine Höhe von Mk. 3.00 für den Tag. Das Kratzen des Steins wird seit 1885 in Heimarbeit gegeben. Als Grund für die Umwandlung der Werkstattarbeit in Heimarbeit wird seitens der Werkes teils bei rascher Ausdehnung des Betriebes Raummangel, teils Mangel an geeigneten Arbeitskräften für die Werkstätten angegeben.

Das Werk hat seine eigene Betriebskrankenkasse, zu der auch die Heimarbeiterinnen gehören. Der Beitrag für dieselbe ist nach dem wirklichen Arbeitslohn berechnet und beträgt für Arbeitgeber und Arbeitnehmer 3% desselben. Das Krankengeld 50% des wirklichen Arbeitslohnes = Mk. 0.50 pro Tag. Es wird vom dritten Tage der Erkrankung an gezahlt. Über den Gesundheitszustand der Heimarbeiterinnen konnte ich nur in Erfahrung bringen, daß in der Zeit vom Juli bis Dezember 1905 3 Erkrankungen und ein Todesfall durch Lungenkrankheiten vorgekommen sind. Der Invalidenversicherung sind die Arbeiterinnen nicht unterworfen, da sie gemäß einer Entscheidung des Regierunspräsidenten von 1895 durch die freie Verfügung über ihre Arbeitszeit, sowie über die Einstellung von Hilfskräften nicht als unselbständig angesehen werden können.

Durch das Königsberger Werk wurden mit Bernsteinkratzen zur Zeit 230 Arbeiterinnen in ihren Wohnungen beschäftigt. Doch steigt diese Zahl bisweilen bis auf 400, sie fällt in der stillen Zeit, die je nach der Lage des Handelns verschieden lange andauert, bis 150. Von 230 Frauen, die im Alter von 15—58 Jahren stehen, sind 123 verheiratet, 36 Witwen, 66 ledig. Einen eigenen Haushalt, dem sie als Hausfrau vorstanden, führten 125, 46 hatten keine Nebenbeschäftigung durch Wirtschaft. Nachdem 1904 denjenigen Frauen, die durch den Erwerb ihres Mannes ein auskömmliches Einkommen haben, die Arbeit entzogen wurde, sind jetzt wohl ausschließlich Bedürftige durch das Werk beschäftigt. Diese Annahme wird dadurch bestätigt, daß 291 Kinder ständig bei der Arbeit mithalfen, sowie 38 Jugendliche und Erwachsene. Als gelegentliche Arbeits= hilfe wurden 36 Jugendliche und Erwachsene und 17 Kinder gezählt. Eine Nebenbeschäftigung wurde nur bei 15 Frauen festgestellt, was wohl darauf schließen läßt, daß der Verdienst durch Bernsteinkratzen in den weitaus meisten Fällen zum Unterhalt ausreicht. Ich komme auf die monatlichen Einnahmen sowie den durchschnittlichen Stundenverdienst noch zurück.

Das Kratzen des Bernsteins ist eine sehr leichte, monotone Be= schäftigung. Das Erlernen geschieht bei einer anderen Heimarbeiterin in 8—14 Tagen. In Palmnicken, wo auch Stein zum Kratzen in Heimarbeit gegeben wird, muß im Werk eine Lernzeit von drei Wochen abgelegt werden, wofür die Arbeiterinnen einen Tagelohn von Mk. 0.90 erhalten.

Die Arbeit des Kratzens besteht darin, die 3—6 cm langen Stücke des Steins rundum von der rauhen, undurchsichtigen Rinde durch Schaben mit dem Messer, das vom Werk geliefert wird, zu befreien, sowie die im Innern des Steins befindlichen Unsauberkeiten zu entfernen. Nachdem der Stein, während des Bearbeitens gegen eine weiße Flasche gehalten, klar erscheint, wird er zur Kontrolle in Wasser gelegt, wobei die kleinsten Fehler deutlich hervor= treten, und nochmals bearbeitet. Der beim Kratzen abfallende Staub und die Splitter, die Rasura, müssen sorgfältig aufgefangen werden, da sie wie der fertige Stein zurückgeliefert und bei der Ablieferung gewogen werden. Die Rasura wird mit zur Lackfabrikation verwandt. Um ein Verschnitzeln des Steins, das zu tiefe Abkratzen, zu verhüten, sind seit 1905 Akkord=

sätze eingeführt, durch die ein höherer Lohn für vorsichtige Behandlung des Materials gewährt wird. Ich lasse die Lohnliste, die in dem Ablieferungsraum öffentlich aushängt, folgen. Es werden gezahlt für je 100 g, falls aus einem Kilogramm herausgearbeitet sind:

  550—600 g Oliven-Hackstücke . . . Mk. 0.35
  Über 600 g . . . . „ 0.40
  400—450 g Deckplatten . . . . . „ 0.45
  Über 450 g . . . . „ 0.50
  450—500 g Seeware . . . . . . „ 0.45
  Über 500 g . . . . „ 0.50
  400—450 g Schlauben . . . . . „ 0.40
  Über 450 g . . . . „ 0.45
  450—500 g gehackte Knüppel . . . „ 0.40
  Über 500 g . , ... „ 0.45

Der Arbeitslohn für das Kratzen von 1 kg Bernstein beträgt demnach Mk. 3.50—5.00.

Die Abweichungen der Löhne nach den verschiedenen Sorten sind dadurch begründet, daß die weichere oder sprödere Rinde die Bearbeitung erleichtert oder erschwert, daß ferner bei den Hackstücken Flächen der einzelnen Stücke durch das Loshacken des Steins bei der Gewinnung bereits bearbeitet sind. Der obige Tarif ist nicht nur für das Werk eine vorteilhafte Einrichtung; auch die geschickten Arbeiterinnen sehen darin eine Verbesserung ihrer Erwerbsbedingungen.

Der durchschnittliche Monatsverdienst der Heimarbeiterinnen in der Bernsteinindustrie beträgt Mk. 38.00—42.00. Er steigt in einzelnen Monaten auf Mk. 50.00. Diese Einnahmen werden meist durch die Arbeit einer Person erreicht. Wie weit Kinder und Angehörige dabei mithelfen, geht aus den vorhergehenden Angaben hervor.

Die Arbeitszeit ist keine übermäßig lange, vor allem fällt die Nachtarbeit meist fort.

Eine fünfzehnjährige Arbeiterin arbeitete regelmäßig $^1/_2$8—5 bzw. 7 Uhr abends, je nachdem sie größere oder kleinere Stücke zu kratzen hatte. Sie hielt eine 1$^1/_2$ stündige Pause ein. Dabei erreichte sie einen Tagesverdienst von Mk. 2.00, also einen Stundenlohn von 23$^1/_2$ Pfg. Andere weniger geschickte arbeiten von 7—8 Uhr, wobei jedoch die Zeit für die Besorgung der Wirtschaft und das Abliefern der Arbeit in Abrechnung zu bringen ist. Letzteres nimmt nicht viel Zeit in Anspruch. Es ist dafür in dem Werk die Zeit von 8—1 Uhr vorgesehen.

2. Die einzelnen Hausindustrien.

Um den durchschnittlichen Stundenverdienst zu ermitteln, sind auf dem Werk Probearbeiten von 6 Arbeiterinnen verschiedener Leistungsfähigkeit ausgeführt worden. Es wurden dabei in 241 Arbeitsstunden Mk. 49.14 verdient, mithin pro Stunde $20^{1}/_{3}$ Pfg. Hierbei ist die Zeit, die durch Liefern und Warten vergeht, nicht mit gerechnet. Zieht man sie in Betracht, so ergibt sich nach den Berechnungen des Werkes ein durchschnittlicher Reinverdienst von Mk. 0.15 in der Stunde. Nach meinen, durch Besuche bei den Arbeiterinnen gemachten Erfahrungen, stimmen diese Angaben im ganzen mit denen der Arbeiterinnen überein. Natürlich kommen Abweichungen nach oben und unten vor.

Jede Arbeiterin hat ein Lohnbuch, welches auf dem Werke verbleibt. In dasselbe werden bei jeder Lieferung Eintragungen über das zur Bearbeitung übergebene und das fertige Material gemacht. Letzteres wird in Gegenwart der Arbeiterinnen gewogen und kontrolliert, wobei eventuelle Fehler in der Arbeit durch die Kratzerinnen selbst in der Werkstätte verbessert werden. Zur Kontrolle der Eintragungen erhält die Arbeiterin das Buch dort zur Einsicht.

Berücksichtigt man, daß das Bernsteinkratzen eine leichte Arbeit ist, welche keine Vorkenntnisse, keine besondere Geschicklichkeit und eine kurze Lehrzeit beansprucht, so komme ich zu dem Schlusse, daß diese Arbeiterinnen verhältnismäßig günstig gestellt sind.

i) Das Erbsenlesen.

Bis vor zwei Jahren gewährte das Lesen von Erbsen und Bohnen einer großen Anzahl Frauen einen reichlichen Verdienst. Seit dieser Zeit ist jedoch durch die Anwendung von Maschinen das Lesen von Erbsen mit der Hand, außer den für die Proviantämter zu liefernden Erbsen, außer Gebrauch gekommen. Das Lesen durch die Maschine geschieht in der Weise, daß die Erbsen auf ein schräg abfallendes Band ohne Ende geschüttet werden. Bei der Rotation rollen die völlig runden Erbsen sogleich von dem Bande herunter, während die übrigen, je nach der geringeren Rundung kürzer oder länger auf dem Bande verweilen, und so mechanisch sortiert werden. Die Einschränkung der Handarbeit durch Maschinenarbeit beträgt nach Schätzung der Unternehmer ein Drittel der früher zu lesenden Erbsen. Es kommen im wesentlichen für die Verabfolgung von Arbeit vier Getreidekommissionsgeschäfte in Betracht, und zwar ist die Hochsaison für die Ausgabe von Arbeit von dem Eintreffen der russischen Ernte abhängig, d. h. von September bis Dezember.

Die Erbsenleserinnen gehören der ärmsten Bevölkerung an. Sie sind meist Frauen unständiger Arbeiter, so daß der Verdienst der Frauen zur Bestreitung des Lebensunterhaltes notwendig ist. Die Arbeit wird an den, den Firmen gehörigen, am Wasser gelegenen Speichern zentnerweise in Säcken ausgeteilt, wobei es nicht selten vorkommt, daß die Frauen stundenlang im Winter warten müssen oder vergebens drei- bis viermal täglich nach Arbeit nachfragen. Durch Errichtung einer städtischen Wärmehalle sind die Zustände etwas gebessert. Die erste Nachfrage geschieht meist morgens um 7 Uhr. Die Auslieferung der Arbeit bisweilen erst um 5 Uhr nachmittags. Die Erbsen und Bohnen werden auf einem Handwagen von den Frauen nach Hause gefahren. Die Entfernung der Wohnungen, die fast durchgängig in einem Viertel liegen, beträgt von den Speichern eine reichliche Viertelstunde. Die Arbeit besteht in dem Sieben und Lesen der Erbsen und Bohnen. Durch ersteres werden die Erbsen von den Schmutz- und Staubteilen befreit durch Hin- und Herschütteln auf einem Sieb mit ca. 40—60 cm Durchmesser. Diese Arbeit wird meist auf dem gemeinschaftlichen Flur, oder in der Küche ausgeführt. Zum Lesen wird das Material auf einen Tisch gestreut, die schlechten Erbsen ausgelesen, die guten in einen auf dem Schoß stehenden Kasten oder die Schürze gescharrt. Bei dieser mechanischen Arbeit finden stets Kinder Verwendung, bisweilen 10—12 Stunden täglich, und zwar schon in einem Alter von 4 Jahren. Auch ist es gebräuchlich, daß bei eiliger Arbeit Kinder von Nachbarn mit zur Hilfeleistung herangezogen werden. Die Arbeitszeit dehnt sich für Erwachsene und Kinder oft in die Nacht bis 1 Uhr aus, wenn die Arbeit spät in Empfang genommen ist. Der Arbeitslohn beträgt je nach der Größe der Frucht für Erbsen pro Zentner Mk. 0.60—0.90, für Bohnen Mk. 0.50—0.60. Der durchschnittliche Wochenverdienst beträgt in guten Monaten ca. Mk. 4.00 bei Mithilfe von etwa drei Kindern. Im Sommer hört die Arbeit vollständig auf. Als großer Übelstand muß für die Erbsenleserinnen angesehen werden, daß der Arbeitslohn nicht gleich bei Ablieferung der Arbeit bzw. wöchentlich bezahlt wird, sondern daß in einigen Speichern die Auszahlung, die durch die Faktore der Firmen geschieht, erst nach mehrmaliger Mahnung nach 6—8 Wochen erfolgt. Die Frauen wagen nicht nachdrücklich für ihr Recht einzutreten, weil ihnen mit Arbeitsentziehung gedroht wird.

k) Die Putzindustrie.

In der Putzmacherei werden in Heimarbeit nur die billigsten Hüte hergestellt. Für Putz besseren Genres sind Werkstätten in den Geschäften. Dort haben die Lehrmädchen eine Lehrzeit von 6 Monaten durchzumachen, während welcher sie einen Entgelt nicht bekommen. Das monatliche Anfangsgehalt beträgt Mk. 12.00. Die gewandten Direktricen erhalten Mk. 75.00—100.00. Die Detailgeschäfte lassen nur Drahtgestelle außerhalb des Hauses arbeiten und zwar in ganz geringem Umfange. Heimarbeiterinnen sollen für diese Geschäfte vereinzelt Modelle entwerfen, worüber nichts Genaues festgestellt werden konnte. Die von den Geschäften einfachster Art beschäftigten Arbeiterinnen sind sehr verschieden gestellt. Die Putzmacherinnen, die Hüte entwerfen und meist mit Hilfe arbeiten, erreichen einen Verdienst von Mk. 3.00 täglich. Der Dutzendpreis für Hüte, die zum Nacharbeiten gegeben werden, beträgt Mk. 2.00, 3.60, 4.80 und mehr, für Chiffonhüte steigt er bis Mk. 24.00. Eine Arbeiterin für einfache Hüte verdiente in 3 Monaten Mk. 312.60. Viele der Arbeiterinnen werden in der stillen Zeit mit der Anfertigung von Leichenartikeln und Trauerhüten beschäftigt, andere klagen, nur während 7 Monaten im Jahre Arbeit zu haben. Sie verdienen Mk. 12.00—15.00 monatlich. Die Heimarbeit in der Putzbranche ist sehr unbedeutend, es sind nur ca. 25—30 Arbeiterinnen beschäftigt.

l) Säcknähen, Dütenkleben.

Säcknähen.

Das Nähen von Säcken, das jetzt fast nur in Fabriken ausgeführt wird, war früher ein ziemlich gesuchter Erwerb. Jetzt werden in der Regel nur noch Säcke zum Flicken von Getreidegeschäften und Kaffee-Engrosgeschäften nach Hause gegeben. Dieses ist eine sehr schmutzige, ungesunde Arbeit, da die alten Säcke den Staub von Getreide, Mehl oder dergl. enthalten. Die Frauen werden nur während 6—7 Monaten beschäftigt. Sie bekommen 20—40 Säcke zum Reparieren, die sie auf einem Handwagen nach Hause schaffen. An Arbeitslohn wird für 100 Stück Mk. 3.00 gezahlt. Die Lieferung wird spätestens jeden zweiten Tag verlangt. Der jährliche Verdienst einer Arbeiterin, die Witwe ist, betrug Mk. 217.10. Sie sucht, um sich und ihre beiden Kinder zu ernähren, in der stillen Zeit Arbeit bei einem Gärtner, wofür sie Mk. 0.60 täglich bekommt.

Die Frauen, die neue Säcke anfertigen — es sind an Zahl ca. 16 — haben einen etwas besseren Verdienst. Eine geschickte Arbeiterin kann am Tage bei $11^{1}/_{2}$ stündiger Arbeitszeit 75 Säcke à Mk. 0.03—0.04 fertigen. Da die Arbeit keine dauernde ist, wurde in drei verschiedenen Fällen trotzdem nur ein Verdienst von Mk. 196.00, 200.00, 286.00 jährlich erreicht.

Nach obigen Angaben glaube ich annehmen zu können, daß der Verdienst der Sacknäherinnen neben dem der Erbsenleserinnen und Dütenkleberinnen der schlechteste und unregelmäßigste ist, worauf auch aus der großen Armut der Arbeiterinnen geschlossen werden kann.

Das Dütenkleben.

Mit Dütenkleben sind 30—35 Arbeiterinnen bei zwei Firmen beschäftigt. Die Arbeiterinnen müssen das Kleben erlernt haben. Sie erhalten während der Lehrzeit Mk. 0.40—0.50 täglich. Später werden sie in Akkord beschäftigt und verdienen Mk. 5.00—9.00 die Woche. Die Arbeit wird teils nach Zentnern, teils nach 1000 Stück bezahlt. Der Lohn der Heimarbeiterinnen ist bei den Sorten Düten, die viele Nebenauslagen verlangen, nach Angabe eines Unternehmers um 20% höher als der der Werkstattarbeiterinnen. Das 1000 Düten wird mit Mk. 2.00 bis 2.25 bezahlt, der Zentner Mk. 1.20—2.00. Das zu den Düten nötige Papier sowie die fertigen Düten werden von der Firma in mehreren Zentnern in die Häuser geschickt bezw. abgeholt. Die Arbeiterinnen sind fast sämtlich verheiratete Frauen, die unregelmäßig arbeiten, deren Verdienst daher sehr schwankend ist. Als Durchschnitt kann Mk. 2.00—3.00 in der Woche angegeben werden.

m) Handarbeiten.

Die Lage der mit Handarbeiten beschäftigten Heimarbeiterinnen erfordert eine verschiedene Beurteilung, je nachdem es sich um die Anfertigung von Häkelarbeiten, Weißstickereien oder feinen Handarbeiten handelt. Das Häkeln wird von den Kindern in der Regel bei einer bestimmten Frau gelernt, die in den Nachmittagsstunden 15—30 schulpflichtige Kinder im Alter von 9—13 Jahren beschäftigt. Die Kinder sollen zum Unterricht von 3—8 Uhr kommen, doch kann diese Zeit nicht regelmäßig eingehalten werden wegen der noch zu fertigenden Schularbeiten. So kommt es bisweilen vor, daß nur 8—10 Mädchen zur Arbeit kommen, oder daß sie nur 2—3 Stunden bleiben. Die Kinder haben Mk. 0.10 pro Monat für den Häkelhaken zu bezahlen. Zu Weihnachten beschenkt sie die Frau mit Kleinigkeiten. Sie gibt den Kindern, nachdem sie einige Tücher unentgeltlich gehäkelt haben, für ein Tuch Mk. 0.40—0.50, für das sie Mk. 0.50—0.60 aus dem Geschäft erhält. Für ein Kinderröckchen mit Weste bekommt sie Mk. 0.30 und zahlt Mk. 0.20. Zu dieser Arbeit gebraucht das Kind 2—3 Nachmittage. Häuft sich die Arbeit, so gibt

die Frau dieselbe an nicht mehr schulpflichtige Mädchen, wobei sie Mk. 0.10 am Tuch verdient. Nach Weihnachten tritt eine 2—3 monatliche Arbeits=
stille ein. In dieser Zeit pflegen die Kinder die Frau zu besuchen, da sie sehr an ihr hängen. Der Verdienst der Frau, die Witwe ist, ist ein sehr geringer. Sie selbst bekommt für ihre Arbeit Mk. 0.07—0.10 für jede verhäkelte Lage Wolle, wobei sich ein Stundenverdienst von Mk. 0.06$^{1}/_{2}$ ergibt, was auch mit den Angaben der anderen Häklerinnen übereinstimmt. Diese Frau hat überdies noch Extraausgaben für Beleuchtung, die sie in der Woche für drei Lampen mit Mk. 0.70 berechnet. Nach ihrer Aussage beträgt ihr wöchentlicher Reinverdienst Mk. 3.00.

Das Häkeln bietet außerdem noch einigen kranken Arbeiterinnen Beschäftigung, die eine andere Arbeit nicht mehr verrichten können. Ihr Verdienst beträgt Mk. 0.60—0.80 die Woche.

Die Weißstickerinnen, die regelmäßig für Wäschegeschäfte Monogramme sticken, gehören Arbeiterkreisen oder kleinen Handwerkerkreisen an und verdienen durch ihre Arbeit ihren Lebensunterhalt. Es werden für das Dutzend Namen (2 gotische Buchstaben) Mk. 1.00 gezahlt. Arbeitszeit 4 Stunden. Für große Kreuzstichbuchstaben pro Dutzend Mk. 3.00. Bei letzteren sind auf Auslagen Mk. 0.25 zu rechnen. Der durchschnittliche Monatsverdienst einer Stickerin, die durch Kränklichkeit an andauerndem Sticken gehindert war, betrug Mk. 18.00. Eine andere Arbeiterin, die mit ihrer Schwester arbeitet und von ihrem Verdienst ihre Mutter und ein Kind ernährt, verdiente täglich Mk. 3.20—3.60 bei zehnstündiger Arbeitszeit.

Die Heimarbeit, die im Auftrage von Handarbeitsbazaren geschieht, ist fast ausschließlich Gelegenheitsarbeit und wird von Frauen gebildeter Stände ausgeführt. Es handelt sich dabei nicht nur um Arbeit für hiesige Unternehmer, sondern auch für auswärtige. Im letzteren Falle werden Kreuzsticharbeiten vergeben, Herrenmorgenschuhe, Tragbänder usw., gefertigt, wobei der Unternehmer Kanevas, Wolle und ein Probestück ein=
sendet. Die Stickerin muß die fertigen Arbeiten sowie die Wollreste, die beim Vernähen der Fäden übrigbleiben, zurücksenden. Ebenso werden Nacht=
taschen zum Sticken gegeben gegen einen Stücklohn von Mk. 0.15, wobei die Arbeitszeit einen Tag beträgt.

Während diese Art von Arbeiten von sehr bedürftigen, aber meist ungeübten Frauen gebildeter Stände ausgeführt werden, sind die Einnahmen aus anderer Stickerei fast durchweg nur zum Taschengeld bestimmt. Bei Nadelmalerei beträgt der Verdienst täglich Mk. 1.20. Das Anfangen der Arbeiten auf Javastoff wird mit Mk. 0.80 bezahlt bei einer Arbeitszeit von 2 Tagen.

Monogramme in Goldstickerei oder Seide ausgeführt, können Mk. 3.00 täglich bringen, doch ist die Arbeit eine ganz unregelmäßige.

Fräulein A. verdiente vom 1. September bis 15. Mai bei 5—6 stündiger Arbeitszeit, die jedoch nicht regelmäßig eingehalten wurde, Mk. 150.00 durch Madeirastickerei, in weißen Leinenblusen ausgeführt. Der Arbeitslohn für die Bluse, den Fräulein A. selbst bestimmen durfte, und der nach einem Stundenverdienst von Mk. 0.20 berechnet wurde, betrug Mk. 6.00. Der Verkaufspreis für die gestickte Bluse in dem betreffenden Bazar beträgt Mk. 18.00, für die aufgezeichnete Mk. 8.00. Die Zeichnerinnen, die für Handarbeitsbazare Zeichnungen liefern, berechnen den Stundenverdienst, je nachdem es sich um einen Entwurf oder um das Nachzeichnen von Mustern handelt, mit Mk. 0.10—0.80. Bei einer 15 stündigen Arbeitszeit hatte eine gewandte Zeichnerin während der Weihnachtszeit in acht Wochen Mk. 3.00 täglich verdient, wobei sich ein durchschnittlicher Stundenverdienst von Mk. 0.20 ergab. Der Verdienst ist ein äußerst unregelmäßiger.

Aus obigen Angaben ist ersichtlich, daß das Anfertigen von Handarbeiten in keinem Falle einen auskömmlichen Lebensunterhalt gewähren kann.

n) Zigarettendrehen.

Die Anfertigung von Zigaretten in Heimarbeit ist wenig verbreitet, es geben ungefähr 6—8 Firmen an 40—50 Zigarettendreherinnen Arbeit außer dem Hause; diese erhalten den Tabak entrippt und geschnitten, die Hülsen in den meisten Fällen fertig geklebt. Das 1000 Zigaretten wird mit Mk. 0.90—1.20 in den verschiedenen Geschäften bezahlt. Der Preis pro Tausend erhöht sich um Mk. 0.10, wenn die Arbeiterin die Hülsen selbst kleben muß. Die Beschäftigung ist ziemlich gleichmäßig, Frauen, die durch die Wirtschaft am regelmäßigen Arbeiten gehindert sind, verdienen pro Woche Mk. 4.00—5.00. Der Durchschnittsverdienst kann bei fleißiger Arbeit wohl auf Mk. 8.00—9.00 angegeben werden. Im Ausnahmefall fertigte eine Arbeiterin, die sich und ihr Kind damit ernährte, 2000 Zigaretten täglich, wofür sie einen Lohn von Mk. 2.40 erhielt. Die in Akkord beschäftigten Werkstattarbeiterinnen drehen im Durchschnitt 1000 Stück pro Tag.

o) Sonstige Hausindustrien.

Die bisher behandelten Hausindustrien können als wesentlich in Betracht kommend bezeichnet werden.

Für die Buchbinderei werden Etuis und Lederrahmen nur von einem Unternehmer gearbeitet, der eine große Werkstätte hat und viele Gehilfen beschäftigt. Das Einbinden von Heften und Büchern geschieht zwar auch zum Teil im Auftrage von Unternehmern, doch sind die Buchbinder meist selbst Gewerbetreibende, die eigene Geschäfte besitzen.

In der Kürschnerei werden nur die in den Konfektionsgeschäften eingegangenen Bestellungen ausgeführt, weshalb eine ganz geringe Zahl Kürschner am Ort ist.

Von weiblichen Beschäftigungsarten wäre noch das Anfertigen künstlicher Blumen zu erwähnen. Die wenigen dabei beschäftigten Arbeiterinnen erreichen einen Stundenlohn von höchstens Mk. 0.08—0.10. Sie lassen sich die Staubfäden gewöhnlich von Arbeiterinnen außer dem Hause anfertigen, die ein ganz kümmerliches Brot essen.

3. Schlußwort.

Überblickt man die Zustände in der hiesigen Hausindustrie, so zeigt sich, daß dieselben keine einheitliche Beurteilung zulassen. Es wird dabei vor allem eine Scheidung der männlichen und weiblichen Arbeit vorgenommen werden müssen. Unter den männlichen Arbeitern ist der Verdienst bis auf wenige Ausnahmen ein ausreichender, wenngleich sich, wie überall in der Heimarbeit, die überlange Arbeitszeit auch hier geltend macht. Die schlechte Lage der Schuhmacherei ist vorher bereits in dem Charakter derselben als Hausindustrie und ihrer Konkurrenz mit Fabrikarbeit begründet. In ganz anderem Licht erscheint meist die Heimarbeit, wo sie von Frauen ausgeführt wird. Als ganz schädlich müssen dabei Beschäftigungen wie Erbsenlesen, Säcknähen und Dütenkleben angesehen werden. Hier sollte ein energisches Verbot erlassen werden, das besonders das Erbsenlesen untersagt. Wenn auch augenblicklich durch Entziehung der Arbeit der ärmsten Bevölkerung ein Erwerb genommen würde, so überwiegen doch die Nachteile dieser Arbeit den verursachten Schaden. Das Ziehen der schweren Wagen, um die Erbsen nach Hause zu transportieren, die Nachtarbeit, die ausgedehnte Mithilfe von Kindern, welche bis 13 Stunden täglich beschäftigt werden, sind Schäden, denen nur durch ein völliges Verbot entgegen getreten werden kann.

Aber auch in vielen anderen Industrien ist der Verdienst ein ganz unausreichender. Besonders traurig sind die Verhältnisse derjenigen Frauen, die durch die Arbeit den Unterhalt für die Familie oder für alte Eltern verdienen müssen. Ihnen werden die Ehefrauen zu Konkurrentinnen, welche den Erwerb nur als Zuschußverdienst gebrauchen und deshalb, weniger interessiert an hohen Löhnen, häufig zu Preisdrückerinnen werden.

Hier wäre durch ein radikales Verbot nichts erreicht, weil die Erwerbs=
bedingungen dieser Frauen in anderen Berufen teils nicht günstigere, teils
noch ungünstigere sind. Frauen, die in Fabriken arbeiten, verdienen die
Woche:

      in der Bonbonfabrikation . . Mk. 4.00—5.00
      „ „ Zigarrenfabrik . . . . „ 5.00—9.00
      „ „ Segeltuchfabrik . . . . „ 5.00—8.00
      „ „ Zündholzfabrik . . . . „ 5.70—8.40
      „ „ Holzindustrie . . . . „ 6.00—10.50

In Speichern beträgt der wöchentliche Lohn Mk. 7.20—7.80, in Drucke=
reien Mk. 5.00—7.00, in Liniieranstalten steigt er bis Mk. 9.00. Bei der
angegebenen Arbeit handelt es sich zum Teil um schwere Arbeit, zum
Teil um sehr unsaubere. Außerdem muß in Betracht gezogen werden,
daß sie von Ehefrauen oder Witwen nur im bringendsten Falle ausgeübt
werden kann, da die ständige Abwesenheit vom Hause diese Art des
Verdienstes in noch ungünstigerem Licht erscheinen läßt.

Wieviel in den herrschenden Zuständen durch gesetzliche Eingriffe oder
Organisationen geregelt werden kann, läßt sich noch nicht überblicken.
Die diesbezüglichen Vorschläge und ergangenen Gesetze sollen in dem
folgenden Abschnitte behandelt werden.

III.
Die Regelung der Hausindustrie.

Während Deutschland auf sozialpolitischem Gebiet in vielen Zweigen allen anderen Ländern vorangegangen ist, ist die Regelung der Hausindustrie bereits in außereuropäischen Staaten energisch in Angriff genommen worden, ehe man sich in Deutschland diesem Gedanken zuwandte. Erst in den letzten Jahren haben die immer häufiger wiederkehrenden Bemühungen und Vorschläge von Sozialpolitikern und politischen Parteien die Notwendigkeit einer Regelung dieses am ärgsten vernachlässigten Gebietes der Regierung und den weitesten Kreise der Bevölkerung dargetan. Wegen der Schwierigkeit der Materie, wegen der Verschiedenartigkeit der zu regelnden Verhältnisse, wegen der Mannigfaltigkeit der Interessensphären, die bei einer etwaigen Regelung berücksichtigt werden müssen, weichen die gemachten Vorschläge wesentlich von einander und von den in außereuropäischen Ländern bereits durchgeführten Gesetzesvorschriften ab. Dabei treten verschiedene Gesichtspunkte in den Vordergrund; bald wird eine Sanierung durch Staatshilfe, bald durch Selbsthilfe erhofft.

Die ausführliche Zusammenstellung der gesetzlichen Heimarbeiterschutzbestimmungen aller Länder im Reichsarbeitsblatt[1]) sowie von Schwiedland[2]) ermöglichen eine Orientierung über die bereits getroffenen Maßnahmen. Vorbildlich sind dabei vor allem Australien und Nordamerika, deren Gesetzgebung bis 1884 bezw. 1890 zurückreicht. In diesen Gesetzen handelt es sich teils um einen Schutz der Konsumenten, teils um einen solchen der Hausindustriellen. Es kommen in Betracht eine eingehende

---

1) Nr. 4. 1906.
2) Ziele und Wege einer Heimarbeiterschutzgesetzgebung.

Wohnungsinspektion, die Lizenzierung der Arbeitsstätten, die Listenführung, die Markierung der hausindustriell gefertigten Waren und die gesetzliche Feststellung von Mindestlöhnen durch eine Kommission, wozu in einigen Staaten ein besonderes Lohnamt geschaffen ist. Wohnungsinspektion und Listenführung sind auch in England seit 1901 gesetzlich eingeführt, doch läßt die jüngst veranstaltete Londoner Heimarbeitsausstellung ihre tatsächliche Durchführung fraglich erscheinen.

Diese Gesetze sind in den Staaten in verschiedener Weise durchgeführt; so ist die Kontrolle über die Wohnungen bald der Wohnungsinspektion überlassen, bald ist die Mithaftung des Unternehmers und des Hauseigentümers für die Befolgung der Gesetze verlangt. Der Unternehmer hat Sorge zu tragen, daß Arbeit nur in lizenzierte Arbeitsstätten gegeben wird — dieselben sind äußerlich kenntlich gemacht durch den sichtbar befestigten Erlaubnisschein — und auch nur in solche, in denen nicht ansteckende Krankheiten herrschen. Der Hauseigentümer hat gleichfalls die Kontrolle hierüber wie über die Befolgung der anderen Vorschriften. Diese Maßnahmen erscheinen nicht nur im höchsten Grade rigoros, sondern auch undurchführbar. Schon allein die Lizenzierung der Arbeitsstätte erfordert, wenn das Gesetz nicht nur in der Theorie Geltung haben soll, ein Heer von Beamten, welche schwerlich durch Privatpersonen ersetzt werden können. Wer jemals versucht hat, die Heimarbeiter selbst nach vom Unternehmer gegebenen Adressen aufzusuchen, wird die Erfahrung gemacht haben, daß bei dem überaus häufigen Wohnungswechsel ein streng durchgeführtes Verbot der Arbeitsausgabe in nicht untersuchten Werkstätten eine Störung der gesamten Produktion nach sich ziehen müßte. Die Haftung des Hauseigentümers ist dadurch erschwert oder fast unmöglich gemacht, daß derselbe meist nicht in dem betreffenden Hause wohnt und deshalb keinen Überblick über plötzlich ausgebrochene Krankheiten oder eingestellte Hilfspersonen haben kann, wodurch die Bestimmungen über den Mindestluftraum verletzt sein können.

Die Befolgung dieser Maßnahmen wird auch dadurch erschwert, daß die Lasten derselben auf die Schultern der Hausindustriellen gewälzt werden. Denn jede Wohnungskontrolle, durch die größere Ansprüche an die Wohnungen gestellt werden, muß notwendig eine Erhöhung der Mietspreise veranlassen.

So wichtig im Interesse der Produzenten und Konsumenten die Sanierung der Wohnungsverhältnisse ist, scheinen Gesetze, deren Durchführbarkeit in Frage gestellt werden muß, nicht geeignet, die Zustände zu verbessern. Die Markierung der hausindustriell gefertigten Waren muß gleichfalls abgewiesen werden, weil dadurch neben gesundheitsschädlicher Produktion auch gesunde, gut bezahlte Arbeit unterdrückt wird. Ein Schutz vor Übertragung ansteckender Krankheiten wäre neben dem Verbot gewisser Industrien durch die Ausdehnung der Krankenversicherung auf die Hausindustrie in gewissem Maß gegeben, falls den Ärzten die Meldepflicht an die Sanitätspolizei und den Unternehmer auferlegt würde. Es bliebe allerdings fraglich, ob nicht dem Staate mit dem Arbeitsverbot die Verpflichtung entstehen würde, die durch die Erkrankung eines Familienmitgliedes brotlos gewordene Familie zu unterhalten.

Zu den undurchführbaren Maßregeln müssen auch diejenigen gezählt werden, welche die Regelung der Arbeitszeit in den hausindustriellen Werkstätten beabsichtigen. Sie müssen, wie die vorigen, an mangelnder Kontrolle scheitern. Es soll nicht bezweifelt werden, daß auf diesbezüglichen Einzelabkommen beruhende Abmachungen eventuell von Erfolg begleitet sein können, doch dürfte die Verwirklichung dieser Bestimmungen von der Kraft der Organisation abhängen.

Bei Vorschlägen, die zur Sanierung der Hausindustrie in Deutschland gemacht werden, treten in den Vordergrund die Ausdehnung der Versicherungsgesetzgebung auf die Hausindustrie, welcher die Registrierung aller Hausgewerbetreibenden vorangehen muß. Ferner die Regelung der Stellung derselben im Gewerberecht. Bei der Registrierung der Hausgewerbetreibenden kommt entweder eine Meldepflicht der Verleger oder der Hausindustriellen oder beider in Betracht. Letztere Einrichtung scheint die zweckmäßigste, da sie zur Vollständigkeit des Registers beiträgt. Die betreffenden Listen, welche Angaben über die Namen des Arbeitgebers, des Arbeiters, der Arbeitsstätte und die Art der Beschäftigung enthalten müssen, sollten in regelmäßigen Abständen der Gewerbeinspektion eingesandt werden. Bei Zwischenmeisterbetrieben läge auch Zwischenmeistern die Führung solcher Listen ob. Bei der je nach der Saison schwankenden Zahl der Arbeitnehmer wären trotzdem Ungenauigkeiten nicht ganz zu vermeiden. Francke[1]) erwartet von der Registrierung nicht nur eine größere Übersichtlichkeit und Erleichterung für die Gewerbeinspektion und Sanitätspolizei, sondern auch eine Einschränkung der Heimarbeit, weil manche Heimarbeiter die Führung ihres Namens in den öffentlichen Listen vermeiden werden. Die Notwendigkeit der Ausdehnung der Kranken- und Invalidenversicherung auf die Hausindustrie ist von allen Seiten anerkannt. Wenn schon in anderen Schichten der Bevölkerung

---

1) Soziale Praxis. 1906. Nr. 22.

Krankheiten größtenteils die Folge von Mittellosigkeit sein werden, werden sie in noch höherem Maße bei den Verlagsarbeitern durch ungenügende Ernährung veranlaßt sein. Deshalb sollten die Versicherungsgesetze sich auf alle Hausgewerbetreibenden erstrecken, sofern ihr Einkommen eine gewisse Grenze nicht erreicht. Bei der Berechnung des Einkommens sollte der Erwerb aus Kundenarbeit in Betracht gezogen werden. Die Registrierung würde zur Erleichterung der Durchführung der Versicherung, sowie zur Kontrolle beitragen. Der Unterschied zwischen Hausindustriellen und Heimarbeitern müßte völlig fallen.

Die Stellung der Hausgewerbetreibenden bedarf ferner einer Regelung im Gewerberecht. Eine Übertragung der bestehenden Arbeiterschutzbestimmungen auf die Hausindustrie scheint wegen der völlig abweichenden Verhältnisse ungeeignet. Ein annehmbarer Vorschlag zur Lösung dieser Frage scheint die Einführung eines besonderen Abschnitts in Titel 7 der Gewerbeordnung zu sein[1]). Jedenfalls muß die Klarstellung der Begriffe Hausindustrie und Heimarbeit gefordert werden, ebenso wie die Beseitigung der Ausnahmebestimmungen, welche für Familienbetriebe in § 154 Abs. 4 der Gewerbeordnung getroffen sind. Hinsichtlich der jetzt bestehenden Bestimmungen wäre die Forderung der Ausdehnung der Lohnbücher, wie sie für die Großkonfektion in der Kleider- und Wäschebranche bestehen, auch auf andere Zweige zu erheben, wenngleich die Lohnbücher nicht die erhoffte Wirkung gehabt haben, eine Klärung der Lohnverhältnisse oder auch nur eine örtliche Gleichmäßigkeit in den Löhnen herbeizuführen.

Notwendig ist eine Vermehrung des Gewerbeinspektionspersonals, da die bereits erlassenen Vorschriften, das Kinderschutzgesetz und die Werkstättenordnung von 1904 bzw. 1897 wegen ungenügender Kontrolle bisher nur teilweise zur Durchführung gelangen konnten.

Wenn der Staat jede Einmischung in die Lohnregelung vermeiden muß, so könnte er einen Einfluß auf die Verhältnisse da gewinnen, wo er als Arbeitgeber auftritt. Durch Festsetzung der Löhne und Lieferungsbedingungen bei den in Submission zu vergebenden Arbeiten kann er regelnd eingreifen und vorbildlich wirken.

So wichtig die zur Reform der Verhältnisse gemachten Vorschläge sein werden, so muß doch anerkannt werden, daß das Grundübel der Hausindustrie, die niedrigen Löhne, dadurch nicht beseitigt wird. Hier

---

1) Sitzungsprotokoll des Reichstags IV. Session 1895, 1897. 151. Sitzung. S. 3998.

kann nur eine starke Organisation eine Änderung herbeiführen. Selbst ein staatliches Lohnamt muß zwecklos sein, solange nicht die Arbeiter, selbst über ihre Forderungen einig, ihre Ansprüche zu vertreten wissen. Der Staat kann nur helfend zur Seite stehen, indem er Tarifverträgen, welche in den einzelnen Branchen von den Arbeitern mit der Gesamtheit der Unternehmer eines Ortes abgeschlossen werden, rechtliche Gültigkeit gibt. In Arbeitskammern könnte eine Instanz geschaffen werden, durch welche auch die Interessen der Heimarbeiter vertreten und ihre Beschwerden entgegengenommen werden.

Printed by Libri Plureos GmbH
in Hamburg, Germany